現代原理を覆す『和』の原点

縄文の円心原理

Kazuki Chiga

千賀一生

ヒカルランド

はじめに

「和の心」と聞くと、どんなイメージが浮かぶでしょうか。

静けさや、落ち着き、それとも、やわらかな円のイメージでしょうか。

わ（倭・和）の国と呼ばれたはるかな歴史が重なるからか、「和心」「和空間」「和文化」など、『わ』という言葉は、日本人の伝統的日本人らしさを、まことにしっくりと表しているように思われます。

幕末に日本に初めて来た西洋の人々は、当時の日本人についての印象を、手記に多数残しています。繊細なやさしさや、盗難などのない社会への感動を綴ったそれらを読むと、彼らの感動の中心は、『わ』の心というべき日本人の独特の性質や、その性質が生み出す文化にあったことがうかがえます。また、現代でも海外から日本へ移住した人にその動機を聞くと、日本は安全な国だからと多くの人が答えますが、これもそんな伝統によるものと思われます。

この、『わ（和）』という言葉に象徴されるような日本人の性質の源泉をたどっていくと、驚くべきことに太古まで遡ることができます。日本に関する海外の記録を見ても、日本がまさに『わ』の国と呼ばれていたその時代の、最古の記録にさえ、幕末とほとんど共通する日本人の性質への感動が記されているのです。

武士道という言葉で日本の精神文化を世界に知らしめた新渡戸《にとべ》稲造《いなぞう》は、日本人の精神性の核は儒教にあると考えていたようです。もちろん、これは誤りではなく、日本人は中国の儒家思想から多くを学びましたので、武士道も儒教に支えられるところが大と言えましょう。しかしながら、日本人の日本人としてのもっと本質的な基盤は、儒教よりもはるかに古い日本の大地に根ざしています。複雑な状況にある現代の国際社会であるからこそ、私たちは日本の基盤について認識を改めるべきなのではないでしょうか。

大和言葉の『わ』が意味する一つに、『輪』があります。

縄文時代に繁栄した地域の集落は、まさにこの輪の形をしていたことがわかっています。世界の考古学的年代の遺跡からは、人に殺されたとわかる人骨が大量に出土していますが、日本の縄文以前の遺跡からは、そのような人骨はほとんど出てきていません。ことに、しっかりと輪の形が形成された集落からはそのような人骨が見当たらないという、考えさせられる事実があります。

私たちの祖先はすべてのものの中に霊魂が宿っていると考える、いわゆるアニミズムの世界に生きていましたが、日本列島には他に類のない性質のアニミズム文化が展開していたと考えられます。そしてその比類のないあり方こそが、後々の日本人らしさにつながる核となったと思われます。この本では、それが、どんな原理であったのかに迫ってみたいと思います。

日本人の心の深層は、日本語における和語にたとえられると思います。和語とは日本古来の言葉です（漢字なら訓読みの言葉）が、固い響きの漢語と比べ、和語はやわらかくしっとりとしています。しかしそれでいてどこか芯の通った強さがあります。今の私たちの話す言葉の大半は和語以外の言葉で占められていますが、助詞や助動詞は、今も変わらずに和語のみが用いられています。しかし、日本語の日本語らしさを守り続けてきたものは、私たちの言葉の骨格となってしっかりと支えてきたこの和語なのです。

ちょうど和語が日本語の性質を支えてきたように、私たちの心の世界は、和語のような隠れた力によって守られ、育まれてきたと考えられます。

日本人のモラルや活力が低下したと嘆かれることも多い昨今ですが、私たちが日本人としての性質や力を守り育むためには、まず、日本人の根幹にどんな世界があるのかを見定める必要があると思います。

この日本人の基礎を築いた原理は、日本の伝統の中にも脈々と息づいています。そして、世界の平和と調和を実現するために、これから必要になってくる原理であると私は考えています。多くの外国人が日本文化に注目するようになった今、日本文化の最大の価値を世界に提供できる準備が整いつつあるように思われます。

目次

第一章　縄文の哲学
――日本人の心を築いた軸的世界観

第二章　円の心
――円は軸的世界観を生み、和心を培った

第三章　型の心は軸にある
――壁原理の現代社会が失った軸の原理

第四章　日本伝統民家の心
——太古を今に結ぶ家という宇宙

第五章 和空間がもたらす社会原理

――和のアニミズムはいかに社会を形作ったか

第六章 未来のための太古の原理

――人類最古のアニミズムに学ぶ

カバーデザイン　吉原遠藤（デザイン軒）

序章　日本精神の深層に迫る

——神道、禅、型文化に潜む縄文の型

仏教や儒教以前の日本の心

一六世紀に、布教のために日本に来たザビエルは、次のように言っています。

キリスト信者の地方であっても、そうでない地方であっても、盗みについてこれほどまでに節操のある人びとを見たことがありません。

（『聖フランシスコ・ザビエル全書簡』河野純徳訳、平凡社）

このような日本人の性質は、一般に考えられているよりもはるかに古い時代にまで遡ることができます。

西洋の人々が日本を知り始めた時代の彼らの手記を見ると、日本人の性質に対する驚きの記述がたくさん見つかります。独特の礼節があることや、物が盗まれることがないなどの徳性の高さに、多くの西洋人が感嘆しているのがわかります。このような日本人の徳性は、儒教思想や仏教思想によるものと一般には思われてきました。はたして本当にそうなのか、まず確かめてみましょう。

　仏教や儒教が日本に伝来したのは六世紀といわれますが、それよりも前の三世紀に書かれた中国の歴史書『三国志』の中にある、日本についての記述『魏志倭人伝』（魏書東夷伝・倭人の条）には、幕末の西洋人の感動と見間違うほどよく似た日本人への感想がすでに残されています。そこには、物を盗むという行為がほとんど見られないことや争い事のないことへの感嘆、丁重な礼節や徳性の高さに関する様子が記述されています。彼らの社会では盗まれて当然という場面でも、倭の国では盗まれることがないから、取りたてて書かれているのです。また、『隋書』「東夷伝・倭国」には、日本人の振る舞いが極めてものしずかで、雅《みやび》であること（「人すこぶる恬静《てんせい》にして、争訟まれに、盗賊少なし」「性質直にして雅風あり」、『魏志倭人伝・後漢書倭伝・宋書倭国伝・隋書倭国伝』岩波文庫）も記述されています。他の倭人伝には、日本人が礼儀正しく、目が合うと微笑んで会釈することや、道を率先して人に譲ることなども書かれています。これらが幕末の西洋人の感想（詳細は後述）と見事に一致していることには驚かされます。

「人すこぶる恬静」「雅風あり」「争訟まれ」という記述は、もの静かでやわらかく調和的な、現代の私たちが連想する和のイメージそのものです。『和の心』『和の文化』と、何げなく私たちは日本人の心や文化を総じてそう言いますが、この私たちの性質は、いったいどこまでたどることができるのでしょうか。

それは、私たちの一般的な想像をはるかに上回る時代へと遡るのです。

『魏志倭人伝』は、『三国志』という儒教思想を背景に書かれた書物の中の一部です。ということは、儒教の国からの初めての来訪者を驚かすほどの礼節的文化が当時の日本に存在したということになります。

『三国志』「魏書東夷伝」には、古代韓国の様子が「其俗少綱紀、國邑雖有主帥、邑落雑居、不能善相御。無跪拝之禮」（秩序がなく、村に主帥はいるが、雑然としていて良く制御することは出来ない。跪拝の礼なし）と、自国にはるかに文化が劣ることが率直に書かれています。比較すると、日本についての「其の風俗淫ならず」「盗窃せず、諍訟少なし」（前掲書）などの対照的表現にいかに感嘆が込められているかがうかがえます。

『魏志倭人伝』が記述されたのは三世紀、仏教の伝来は六世紀、儒教の最初の伝来は五世紀ですが、本格的伝来はやはり六世紀です。つまり、まだ儒教も仏教も日本に伝わっていなかった時代です。この時代よりも以前にある何かが『魏志倭人伝』にあるような性質を培ったはずなのです。

儒教や仏教伝来以前の私たちの国には、明文化された儒教のような「教え」は存在しませんでした。現在の神道という呼び名やスタイルも定着していなかった時代に、いったい何が私たちの祖先の心を培ったのでしょうか。

型とは何か――日本文化に潜む型の本流

私は昭和三十年代の地方の村社会に育ちましたので、家に鍵などかける家はほとんどなかった田舎での生活と都会での生活の両方を体験しています。一世代の中で、私と同じように、同じ日本とは思えないほどの違いを体験している読者の方々も多いことと思います。かつての日本社会では、細やかな思いやりが大切にされていましたので、盗難などはないのが当たり前であり、問題にされるのは、もっと微妙な人間関係の機微や微妙な立ち居振る舞いでした。

この微妙な倫理性はどこから生まれたのでしょうか。

元来、日本には、仏教や儒教のような、人々の心の世界が養われるような特定の教えはありませんでした。日本人の感性を維持してきたものは、無数の文化や習慣であり、特定のものを示すことのできないところに、むしろその特質がありそうです。これは、様々な文化や習慣に共通する、何らかの潜在的な特質が日本人の日本らしさを培ってきたということでもありましょう。とすると、問題は、その潜在的な特質とは何かということと、いったい何によってその潜在的特質が成立したのかということになります。

日本人の感性を培ってきたと思われる文化は無数にありますが、その成立年代は、大きな差異があります。たとえば、茶道の成立は、神道の歴史と比べればごく浅い歴史しかありません。しかしながら私たちは、茶道に日本人らしさや古代から続く日本の精神のようなものを感じます。これは、茶道そのものの歴史は浅くても、その骨子となっているものが、それ以前から存在しているからでしょう。

西洋の文化分類の概念に従えば、諸々の日本文化を、能、狂言【＝芸能】、書道、華道【＝芸術】、弓道、古武術【＝スポーツ】、神道【＝宗教】といったように分類することはできますが、しかし、西洋文化とは違い、これらすべてがジャンルを超えて何か共通の骨子をもっているように感じられます。まず、その共通の骨子とは何かを探ってみましょう。

神道、芸道、武道に通底するもの

たとえば、日本固有の宗教とされている神道は、教義をもたない特殊性から、宗教としてとらえることが疑問視されることすらあり、ひたすら所作や姿勢を重んじ、教義ではなく、所作その他が生み出す空気を通して精神性を伝えようとします。このあり方は、言葉によって真実に迫り、言葉主体に真実を伝達しようとする仏教や儒教、あるいは欧米の諸宗教文化と比べ、大変異質です。弓道、茶道のような道の文化（様々な文化に道という文字が付加されること自体が、それらの奥に日本人が共通の認識を持っているからです）も、型を重んじる点でよく似た傾向が見られます。

これは、仏教における「禅」とも共通するものがあります。仏教は本来、言葉によって真実に迫ろうとし、言葉によって世界観を伝達してきました。だから、その膨大な記録である経典が重んじられました。ところが、この同じ仏教も、日本に至ると、その姿勢を否定するかのようにただひたすら一つの型を行い続け、無言で精神性を伝えてゆく禅のようなスタイルが好まれることになります。哲学的言行が主体の中国禅が日本では型主体となるのも、中国では禅が廃れ日本で発展を続けたのも、日本にそれ以前からある文化の違いによるものと思われます。

また、日本人で神社に参拝したことのない人は極めてまれですが、日本人の約七割が無宗教であるとアンケートでは回答しています。これは、日本人が神道を宗教とは別のものと思っている証《あかし》です。日本人は宗教には否定的ですが、日本文化の底に流れる「何か」には極めて肯定的であると言えそうです。

このように考えると、日本文化の潜在的特質は、『型』にありそうです。

弓道などの武道においても、茶道や能楽などの芸道においても、日本文化は、『型』の存在ゆえの神聖さというものがどこかしら漂い、その習得によってそこに込められた精神を受け継ごうとしてきました。そればかりか、職人の世界においても、日本の職人たちは、その職独自の技の型を神聖なものでも見るかのように認識することすらあります。そのような心ゆえか、日本では物作りの世界でさえ、技術は単なる技巧ではなく、何かしらの精神性を帯びたものと見なされることが少なくありません。

「一芸に通ずる者は諸芸に通ず」という言葉が示すように、日本人の感性は、それぞれの世界でそれぞれの型の完成にふれる時、その奥に何か共通するものが潜むことに気付くものです。様々な芸道の文化、あるいは能楽のような型文化は、一見、それぞれ別の型を伝えるつながりのない世界のように見えますが、その底辺を追求すると、そこにはたった一個の本質の型が受け継がれているように思われるのです。

柱とは何か――日本精神を支える型の本質

では、何によってこの型を重視する特質が生まれたのでしょうか。型と呼ばれるものの中に何が流れているのかを探ってみることにしましょう。

日本文化の様々な分野の型には、それを把握するにあたっての類似した道筋が存在します。日本人はその道筋を時にコツと呼び、その把握を通して日本人らしい心を学んできました。

なぜその把握が日本人らしい心の把握につながるのでしょうか。実はこの点においても、日本文化は共通の特質をもっているのです。

たとえば禅の熟達者が座禅をしているときの姿勢は、一本のまっすぐな垂直軸が体の中心に貫かれ、軸以外の力はゆったりと抜けています。軸だけが力強く貫かれたその姿は、見ているだけでも芯が通っていることがわかります。また、歴史ある神社の神主さんたちの所作は美しいものです。その、なぜか美しいと感じるその思いは、どこからきているのか。やはりこれも軸をとらえた姿勢と所作から生まれる気高さです。自分自身の中心軸をまっすぐに尊い存在に向けるこの神道の礼も、深まれば深まるほど、余分な力は抜け、軸だけに力強い気がみなぎるようになるものです。そしてそうあることで、日本の宗教者は見えざる世界と響き合おうとしてきたように思われます。

様々な芸道に共通して行われる行為があります。それは正座です。お茶の世界でも、まず正座を重んじます。能楽でも、武道でも同じです。日本人ほど正座にこだわってきた民族はありません。これは、正座の座り方が体の軸を自然に整えやすく、体の軸が整うと、心も整うからです。自分自身の心が整うと、お花も、書も、舞も、あるべきように表される。そんな視点が日本文化には内在しているように思われます。

日本の型文化の奥には、共通して軸の成立という概念が流れているのではないでしょうか。実は、先ほどから『コツ』や『骨子』という言葉で型の把握を説明していますが、コツとは『骨』のことであり、この言葉自体、人体の中心を把握する概念からきています。日本の型文化に潜むこの軸の把握という概念は、いったいどこからきているのでしょうか。

その答えへといざなうものは、この軸なるものが成立する時に生ずる気配にあります。日本の型文化では、軸なるものが成立する時、そこに、何かしら神聖なる気配が感じられます。

以前にあるテレビ番組で、フランスで弓道を学んだ弓道歴二十五年のスペイン人女性が紹介されていました。テレビ局のスタッフが模範演技をお願いすると、その師範はスタッフの期待とは異なり、誰でも射ることができそうなすぐ目の前にある的に弓を射ました。弓道のわからない日本人の出演者たちは、その映像を見て一瞬、期待外れと思いますが、その外国人師範は、弓道は的に当てさえすればよい西洋のアーチェリーとは違い、型にこそ意義があると語ります。出演者たちは、その考え方に納得し、再度その型の映像が流れます。映像に乗せながら、「体の中心がまったくぶれておらず、一つ一つの動作がまるでスローモーションのよう」「集中力が高まり、空気が張り詰めてゆく様子がこちらにも伝わってくる」とコメントされていました。その映像はまさしく軸をとらえた型によって醸《かも》し出される神聖なる空間を伝え、弓道を理解していない出演者たちも、その空間の深みを充分に感じ取っている様子でした。

神聖なる気配

この、日本文化で軸なるものを把握する時に漂う神聖なる気配とは、いったい、何なのでしょうか。

実は、この神聖なる気配に、日本文化の骨子とは何かの秘密が隠されているのです。能に漂う幽玄は、それが単なる演劇ではないことを示し、古武術の型に漂う張り詰めた気配も、それが単なるスポーツとは異なる次元の何かを感じさせます。神道が西洋的宗教概念に当てはまらないのと同様に、日本文化はありとあらゆる分野のものが、表層の形態とは別の高い次元で一つにつながっているように思われます。そのつながりの次元には、

弓道・佐竹万里子範士（2016皇后盃矢渡し・Kyudo Archives の動画より）

何があるのでしょうか。

これを解くものは、日本の型文化に共通に重視されていると思われる、もう一つの共通点です。

それは、『空間優位の視点』です。

瞑想はそのスタイルなどは違うものの諸外国にありますが、それらと比べると、日本の禅は型にこだわる比重が大きく、個人の型はもちろん、全員の並び方にも繊細にこだわります。日本文化は個人の内面以前に、空間がいかにあるかを優先しようとし、空間や全体を優位にとらえるのです。古武術においても、勝敗という個人的視点を超え、互いの空間的かけひきから生まれるものを尊びます。また茶道では、お茶を味わうように見えますが、より本質では日本人は空間を味わおうとし、味わうに足る空間を創造しているように思われます。華道においても、花自体よりもいかに花の周囲の空間が成立するかに視点がおかれます。

空間なるものの成立と軸の成立は、切っても切れない関係にあります。

人体に成立する軸というものは、軸以外の力が抜けなくては成立しないものです。そしてそのリラクゼーションが深まれば深まるほど、心は静まり、その人の醸し出す空間の静寂度は増してゆきます。把握する場や空間が静まれば、芸能も神聖となり、造りあげる物も神聖となる。つまり、軸が成立するほど空間の深みは増すという暗黙の認識が日本人にはあるように思われます。

軸を重視する文化は外国にももちろんあります。たとえば西洋のバレエでは、体の軸が成立しなければ美しい踊りにはなりません。これは最初から軸が重視されていたわけではなく、何百年という長い舞踊の歴史の中で軸こそが美しい体を作ることがわかってきたからです。日本の茶道の歴史もこれと似て、お茶を飲むのに最初から軸が重んじられていたわけでも正座をしていたわけでもありません。長い歴史が、軸というものがその世界を深いものにさせると気付かせたのです。ただ違うのは、舞踊というものは、技能的に軸の成立を必要とする点です。どんな舞踊もつきつめてゆけば軸の成立を必要とし、日本でも、バレエよりももっと古い時代から舞と軸の把握は結び付いていたのです。しかし、お茶を飲む行為はこれとは違います。技能的に軸を必要とするわけでは本来はありません。これが結び付くのは、日本人の中に、軸というものが人間らしい霊性を顕現させるという観点がはじめから存在するからではないでしょうか。民族としての伝統的な何かが、軸のない世界にも軸を宿らせようとしてきたように思われます。

軸の把握の奥に神聖な空間の成立という概念が流れているとすると、それはいったい、どこからきているのでしょうか。

原始社会はアニミズム社会（万物に霊性が宿ると見る世界観の社会）であったと言われますが、実は、太古の日本では、この霊性なるものは、存在の中心や、中心なる軸に宿ると考えられていた痕跡があります。たとえば、縄文集落の中心には祖先が祀られていたり、縄文住居の中心には立石があったりします。また、神話世界においても、日本の神話では、この世の誕生は『天《あま》の御柱《みはしら》』を軸にした儀式から始まります。

また、私たちの国には、柱が対象となる祭りが数多くあります。古代の神社も、心御《しんのみ》柱《はしら》が中心に存在し、軸というものを主体に存在してきたように思われます。日本の五重塔で心柱《しんばしら》が重んじられていることにしても、それ以前の軸主体の世界観がうかがえます（本家中国の塔にはない）。また、私たちは、神さまを、一人、二人ではなく、一柱《ひとはしら》、二《ふた》柱《はしら》と言い表してきました。そもそも、私たちにとって一番尊い神さまそのものが『柱』なる形をしたもの、すなわち、軸的存在だったのです。

和心は家に宿る

一昔前までの私たちの国では、家を建てる時には、地鎮祭を行うことが常識でした。この地鎮祭には、神霊を招き降ろすために榊などの常緑樹を立てた『ひもろぎ』が設えられます。霊性を宿す軸というものが認識されます。

日本には、この『ひもろぎ』を中心に行われる多数の祭りがありました。場を清め、服装も整えて、ひもろぎを中心に祭りが厳かにとり行われてゆくと、あたりには張りつめたような気配が立ち込めます。それとともにそこに居合わせた人々もその神聖な空間と同じ心になっていきます。先にふれた弓道では、弓を射る前の型が整うことが重要で、その成立は軸の成立であり、軸の成立は辺りに神聖なる気配をもたらします。軸の成立とともに成立する神聖なる気配は、この古来の祭りの実現過程と酷似していることに気付きます。『軸』の宿る神聖なる場（空間）であってこそ、物事は健全にすがすがしく栄えるものであるというこの世界観こそが、はるかなる時代から現代に至るまで様々な日本文化を支え続けてきた、骨子であったのではないでしょうか。

私たちの祖先は、人という存在の本質も、霊性の宿る軸であると認識していたことは、様々な無形の伝統文化からわかりますが、私たちの祖先の軸を観る目は具体的にどんなものであったのかを、形のある文化的遺産から見てみたいと思います。

私たちのごく身近に、この日本人の軸的世界観が受け継がれているものがあります。と言っても、最近は失われつつありますが……。

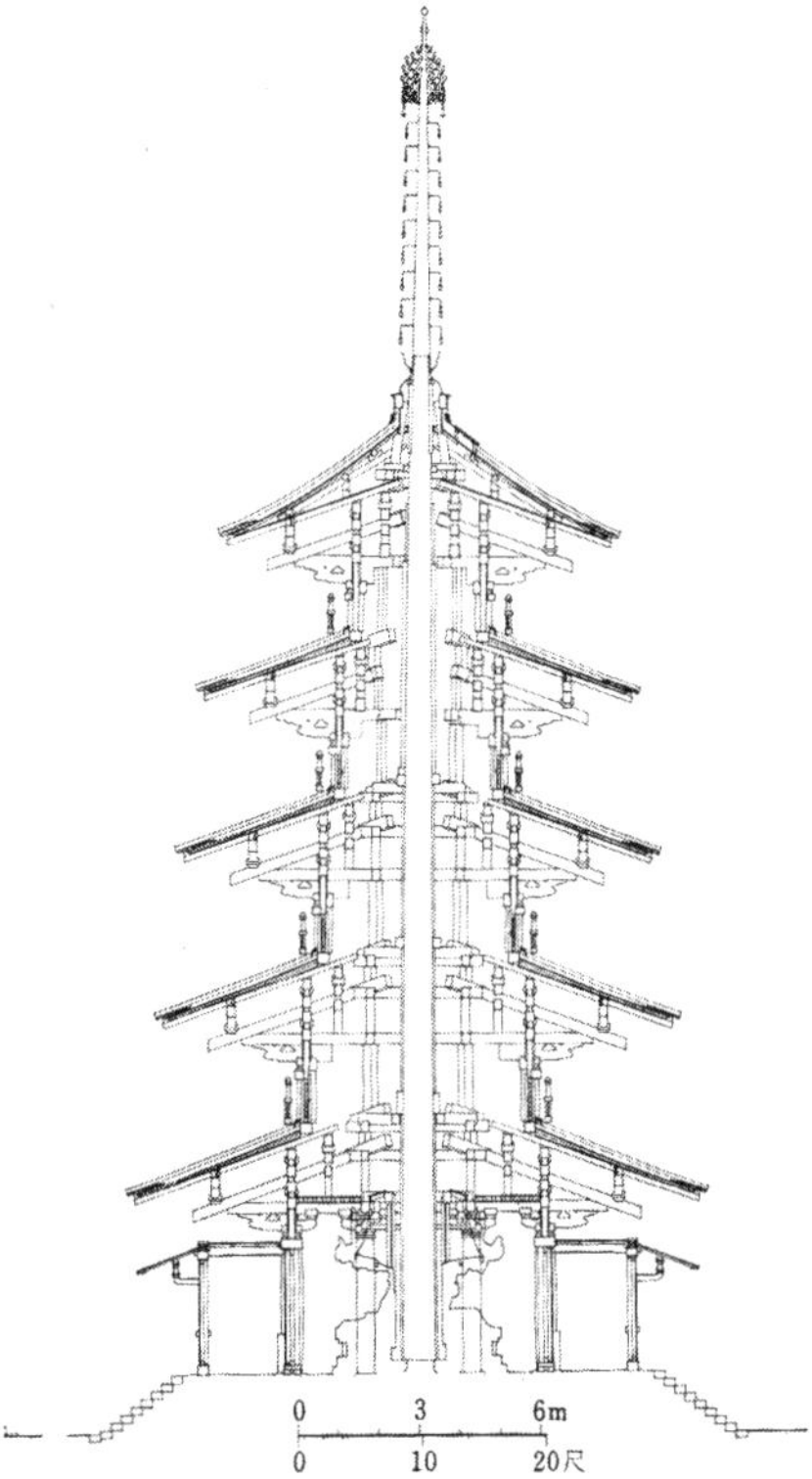

法隆寺五重塔断面図（『日本建築史図集』日本建築学会編、彰国社刊より）

それは、生活の基礎である家という存在です。日本人にとって、家というものは、世界観そのものでした。日本の伝統的な民家の世界観がわかると、私たちの祖先がどのような人間観をもっていたのかも明確になるのです。

家からいったいどんな世界観が見えてくるのか疑問に思われる方もいると思いますが、日本の家には軸が存在しているのです。それは、日本人なら知らない人はまずいない、大黒柱（中柱とも言い、神社や寺院では心柱や心御柱とも言う）と呼ばれている家の中心となる柱です。神さまを柱という言葉で表す日本文化の中でも、最も身近な『神』が、この中柱（大黒柱）の存在です。

先ほど地鎮祭の話でもふれましたが、古代日本の祭りはまず、霊性の主体を象徴する軸を立て、その場所を神聖な空間とするところから始めます。日本伝統民家の建築は、これと同様に、家が大黒柱という、中心の軸に支えられた空間になるように建てます。軸（ひもろぎ）によって成立した清らかな空間に、実際にも軸（大黒柱）中心の建築をするわけです。ここには、私たちの国に一貫して流れてきた世界観が象《かたど》られているのです。

第一章　縄文の哲学

――日本人の心を築いた軸的世界観

縄文社会の型文化

私たちの祖先は自然界の変化と親密な生活を送り、一年のサイクルに合わせて様々な祭り（行事）を行っていました。

四季は毎年毎年、繰り返しやってきます。そしてそこでは、生と死のかけがえのないドラマを見せてくれます。この、四季という変化のリズムを司《つかさど》る中心が太陽であることを、私たちの祖先は見抜いていたはずです。すべてのリズムを司りながら、命の力を与え続ける存在に、私たちの祖先は並々ならない畏敬の念を持っていました。縄文の遺跡からも、太陽を特別な存在として畏敬していたと思われる数々の痕跡が発見されています。

ごく近年まで、私たち日本人は、この『お日さま』に、毎朝頭《こうべ》を垂れる習慣を持っていました。

かつての日本の農村地域では、日の出の時刻になると、どの家でも誰かしら庭に出て、お日さまに頭を垂れる光景が見られました。お日さまへのあいさつは、集落の人と人とを気持ちよく一つにさせる一日の最初の行為でもありました。私も田舎で育ったため、一日も欠かすことなくお日さまに手を合わせる家族の姿や、隣近所の人々のそうした姿を見て

厳かな日の出

育ちました。ですから誰に言われたわけでもなく、もの心ついた頃から私もお日さまに手を合わせていました。朝早く、お日さまに挨拶していたであろう、はるか昔の人々の感覚も、合わせた手に重なる気がしてきます。

昔から尊ばれてきたこの『お日さま』は、太陽系宇宙の中心にあります。太陽系の惑星は、ちょうどコマが回るように太陽を軸として回転運動をしています。太古の人々がこの事実を知っていたかどうかは別として、この、軸であり、命をもたらし、四季をもたらすお日さまに心をつなげることによって、私たちは、家の心も、村の心も、結果として太陽系のように一つに司られてきたのであると言えましょう。

新渡戸稲造の『武士道』（岬龍一郎訳・PHP文庫）に、一昔前までの日本の家族のゆるぐことのない結び付きが何によって成立していたかを示す、次のような一節があります。

どんなに遠く離れていようとも、彼女たちの脳裏にはいつも炉辺《ろばた》があった。家の名誉を守り、健全さを保つために、彼女たちはせっせと働き、命を捧げることもいとわなかった。

この何気ない「炉辺」という表現に、日本古来の人間観をみることができます。炉を囲む日常の営みによって、家族の心は揺るがされることのないまでに一つに結び付くものであるという、はるかな時代からの人間観です。これは、同じく光を発するお日さまに皆が向かうという共通の行為によって一つに結び付く、もう一つの日本人らしいあり方と、とてもよく似ています。

これは、偶然なのでしょうか。

この両者が偶然似ているのではないことは、両者の原点、すなわちその起源を知れば明らかです。日本人は、はるかな古代に遡っても炉を囲む生活をしていました。その起源をたどってゆくと、縄文の集落文化にまでたどり着きます。

実は、縄文の集落には、日本人の中心軸的世界観を培ったと思われる『型』が存在するのです。

縄文時代、食糧豊かな繁栄地であった中部以北の遺跡には、祖先の宿る中央を取り巻いて竪穴住居が造られている、円形集落（環状集落）が見られます。この縄文の典型的な集落構造は、太陽の運動を計算に入れたあとが見られます。たとえば、集落への入り口からは冬至の日に、日の出の太陽の光がこの中央の場にまっすぐに注がれるように設計されていたりします。集落の中心に、命の元である太陽の分霊を宿すことで一年の御魂を迎え入れ、また、そうすることで祖先の御魂にも命の光が与えられるという観点と思われます。

この最も尊ぶべきものを中心に囲む構造は、さらに縄文の住まい一つ一つにも見ることができます。その住まいの中心なるものこそが、炉です。縄文の人々にとって、炉は、そこで煮炊きをする生活のためのものではなく、むしろ信仰のためのものであり、中心の火を守るために作られた囲いが住居である、という有力説があります。炉が家の中心となる祀りの場であったことは、その脇に立石（石棒）が置かれることなどからも明らかです。

縄文文化を受け継ぐといわれるアイヌの人々にとっても、家の中心の炉は、御魂の宿る場所であり、新しい家の炉に初めて火を灯すことを「チセ・ラマチ・ア・コレ（家の魂をもたせる)」と言います。これは、私たちの祖先の火に対する思いそのものであろうと思われます。

日本の伝統民家は寒いという人がいますが、これは、近年まで日本人にとって家とは火を囲む場所であり、それを前提にして造られているからでもあります。一つの火を家族みんなでまるく囲んで生活すると、家族も一つになりやすく、集落においても、一つの焦点をまるく囲むあり方は、人々の心を一つにさせていたことでしょう。

この縄文集落と、それぞれの家に見られる縄文の『型』は、軸となる中心とそれを囲む円という『焦点+円』の形となります。この型には重要な意義があるのですが、その前に、この、円形の社会スタイルをもたらした『日』や『火』とは何だったのか。この問題を追求してゆくと、私たちの祖先の軸的世界観がどんなものであったかが見えてくるのです。

古代から日本人は、光を発する『日』や『火』を、見えない神霊=『霊《ひ》』の表れととらえてきました。私たち日本人は人魂《ひとだま》というものを信じてきましたが、これも魂は火のような存在ととらえたものです。邪馬台国の女王のヒミコという名前も、日の巫女を意味するとする説があり、『ひ』を中心とする祭祀の中心者的存在をほのめかしています。神棚の中心に祀られる神様も、言うまでもなく太陽神を象徴とする神さまです。

立石は縄文の心を語る

　縄文住居の炉とは何だったのか、それを追求していくヒントとなるのが、まず、その脇に置かれていた立石（石棒）です。立石の多くは、炉の脇に置かれていますが、そうでない場合でも、入り口と炉とを結ぶライン上に置かれています。炉の脇や炉に向かうライン上に置かれるのは、立石が火につながる意味をもっていたからでしょう。火と立石には、どんな結び付きがあるのでしょうか。

　この立石は男性器を象ったものと思われ、実際に男性器とそっくりな形状に作られたものもよく見つかります。男性器は、命の与え手ですが、太陽も、自然界における命の与え手です。また、太古の時代には光を発するものは、太陽と火だけでしたから、両者が同一の本質をもつと認識されるのはごく自然であると思われます。火の燃える脇に立石が置かれる意味は、火は日の分身であり、ともに命の霊性（＝霊《ひ》）であるという認識だったのではないでしょうか。

　集落の中心に祖先神を宿した縄文の人々は、太陽の分霊もそこに宿そうとしました。これは、両者が何らかの意味で結び付いていたと考えたからに違いありません。万物に魂が宿ると認識していた彼らは、家や集落にも魂が宿るべきものと認識し、その霊性を与えるものこそが霊《ひ》であると認識していたのではないでしょうか。

そう考えると、立石は、家の魂としての『霊《ひ》』のよりしろであると同時に、祖先の御魂もそれに寄り添うように宿るものという推測が成り立ちます。

縄文住居の立石は、日本列島で多数発見されている縄文遺跡の環状列石（ストーンサークル）の立石と似た形状をしています。ストーンサークルは墓標であるとも考えられています。もちろん、それは現代のお墓という概念とは大きく異なり、お墓という表現は適切ではありませんが、祖先祀りに関係している要素も否めません。炉の脇の立石がこれと同じ形状をしているのは、類似の意味を持つ象徴物と考えるのが自然であると思います。立石が炉の脇に立てられているように、ストーンサークル内部からは、一時的に焚かれたと思われる火の跡や炭が見つかります。これらのことを考え合わせると、家の中の立石は、家の中での祖先の魂の象徴物《よりしろ》、例えていえば、現代の位牌にあたるものと考えられないでしょうか。

これは石ですから、住居が改築されたり、移されたとしても、おそらくは何代にもわたって守られ、家の中心として祀られ続けたのではないかと想像されます。この関係性でとらえると、縄文集落の中心にある土葬の場所は、同時にストーンサークルが見つかったり

炉の脇の立石（写真：「トランヴェール」2013年５月号より）

する場所でもありますので、家が集落のミニチュア版であることがますます明確になります。このように理解すると『お日さま』によって集落が一つに結び付き、家の『ひ』（炉）によって家族と家族が一つに結び付いていた伝統的日本人のあり方は、はるか縄文の時代に成立した原理であったのではないかと推測できます。

広い集落の中心には、お日さまの分霊をいただき、家の真ん中には火や立石を尊ぶという構図は、大宇宙（銀河）の中に小宇宙（太陽系）があるような宇宙の構造を思わせます。家も、集落も、彼らにとって、大切な『ひ』を囲む大宇宙や小宇宙であったと言えましょう。この、『ひ』をみんなで尊ぶ宇宙の構図のような『型』は、祖先から子孫へと何百年も伝えられ続けた『型』であったことでしょう。それは、祖先からの大切な世界観を子孫へと伝えるための重要な役割をも担っていたと考えられます。

この炉を中心とする縄文の住居は、中心の一番尊いものを囲むようにして生活する点で、さらに近年の、大黒柱を中心とする日本の伝統民家のあり方ともよく似ています。両者は、太古の時代から引き継がれた同じ世界観によるものなのでしょうか、それとも、偶然の一致なのでしょうか。

このことは、私たちの家をめぐる世界観が、太古から引き継がれているものであるのかどうかという、重要な問題でもあります。また、これは、私たちの心の世界と縄文の心とが、つながりがあるかどうかの手掛かりにもなりそうです。

この問題の本質を明らかにするには、家の中心である『ひ』と『柱』に結び付きがあるかどうか考える必要があります。はたして両者には、つながりがあるのでしょうか。

その手掛かりは、柱が木であることです。古代の日本人にとって、『木』は、『ひ』と並ぶほどに神聖なる対象でした。

先にふれた『ひもろぎ』の起源は、大自然の聖なる大樹を中心に生活を営んだ私たちの祖先の時代にあります（詳細は後でふれますが、『ひ』を中心とした生活よりもさらに前の時代に、『ひもろぎ』としての大樹を中心とした人々の生活があったと思われます）。

『ひもろぎ』という言葉は、『木』なる存在は、『ひ』なる霊力を宿す存在であるという、両者の強い関係性を示す言葉なのです。

縄文の遺跡には、祭祀の象徴物として、木と石が類似の目的で用いられていた形跡があります。石を円形に並べた環状列石と同じように、円形に大きな柱を立てた環状列木（ウッドサークル）も日本各地で発見されており、同じく祭祀に用いられたものと推測されています。また、祭祀用と思われる柱跡と同一場所に立石も見つかる例があります。

縄文の住居では、立石は家の中央の炉とともに置かれているか、入り口と炉を結ぶ中央

縄文遺跡のウッドサークル（上）とストーンサークル（写真：秋田県・大湯環状列石）

ライン上に置かれますが、古代から続く神社の心御柱も、社殿の床下の中央位置にあります。つまり、心御柱は縄文住居の立石と構図上同一であり、類似の象徴物と考えることができます。

また、宮古島などの一部地域には、家を新築するとき、大黒柱に男根の象徴物を取り付ける儀式が残っています。これは、家の中心柱が男根（＝立石）と同一物であることを意味していないでしょうか。

炉を囲む縄文の竪穴式住居と同じような形式のものは、平安時代まで造られていました。また、柱というものに神聖な意味があったであろうことは、すでに縄文の時代から認められます。この二つの信仰は併存している時代があるわけですが、それ以前はどうだったのでしょうか。木は腐りますから、太古の物ほど証拠物としては残りません。腐ることのない石を神聖なる中心物とするよりも以前の時代に、その役割を、石よりも加工のしやすい木が果たしていた時代があったであろうことは、十分に考えられることです。

自然界の型と縄文の型

日本の多くの神社には、大樹のご神木があり、大切に守られています。今のような本殿や拝殿、鳥居といった設備のある神社のスタイルが生まれる前には、木（ご神木）そのものが信仰の対象であったであろうことがうかがえる神社は少なくありません。

大樹とは、言いかえれば長老の木です。大黒柱にも、同じくはるかな時を知る長老クラスの木が選ばれます。昔は、家を建てるにあたって、まず初めに大黒柱とさせていただく木を探すことから始めました。山の中でもひときわ気高く聳《そび》え立つはるかな時を知る木、後々の代まで家族が拠《よ》り所とするにふさわしい木を選びます。大黒柱は、私たちの祖先の木なるものへの真摯な思いの継承でもあるのではないでしょうか。

それだけでなく、私たちの祖先と木との結び付きには、さらに深い本質性が見いだせます。木というものの構造に思いを馳せる時、私たちの祖先がいかに木という存在を畏敬していたかが見えてきます。

実は、木という存在が成り立つ構造は、縄文集落の構造と瓜二つなのです。

木には年輪がありますが、年輪は、最初の軸を包むようにして形成されます。最初の年輪の細胞は、新しい年輪の成長と共に死に、固く支えとなります。それを大切に包むように新しい細胞たちが育ってゆきます。もしも祖先の細胞たちがなかったとしたら、木は固さを持たず、しなってしまって自立できなくなってしまうのです。毎年、新しい細胞たちが祖先たちを包み、先に生まれた祖先ほど、より内側に大切に守られるかのように包み込

縄文遺跡の環状木柱列（写真：石川県・真脇遺跡）

まれてゆきます。そうして年数を重ねるほどに木というものは風雪にゆらぐことのない不動の存在に育ってゆくのです。私たちの祖先が神と観た木なるものは、祖先と共に生きる、祖先との共存体なのです。

一方の村の真ん中に祖先の人々を包むように生活する縄文の集落は、己を生み出したはるかなる人々を尊ぶことと村の営みが一つになったあり方です。生きている木の細胞たちにとって、しっかりと自身を支えてくれる祖先細胞は最大の拠り所です。それは自分たちを守ってくれる軸であり、それに支えられ、生き続けるのです。中心の祖先を守るようにして作られた縄文の集落も、これと同じ構造に支えられています。内側に最も拠り所とする存在を包み、みんなで自分たちを守ってくれる御魂を囲むことによって安心して暮らすことができ、そうすることで皆が一つ心にもなって生活したであろうことが想像されます。

五千年前の三内丸山遺跡では、直径一メートルの柱が高度な技術で立ち並んでいたことがわかっています。自然界の性質を熟知し、大木を建築に用いる技術を持ち、木を神として尊んだ縄文人が、年輪の存在を知らなかったはずがありません。一年ごとに内側を包むように形成されることも知っていたに違いありません。お日さまがもたらす一年の巡りに合わせて祭祀を行っていた彼らは、その周期と年輪形成の一致に気付いていたはずです。一年という周期を正確に刻む神に、私たちの祖先は、自然界のしくみを見、それが呈するあり方と同じようにあろうとしたのかもしれません。

縄文の人々は、木というものが太陽の光を受けることで育つことも知っていたに違いありません。冬至の日に縄文集落の中央に太陽の光が射し込む構造も自然界への深い洞察によるものと言えます。光は命の元であり、どんな存在も、その命の元を孕《はら》んでいなければならない。だから家の真ん中にも火が灯され続けたのではないでしょうか。

後に日本に入ってくる外来の文化では、死者は生きている者が生活するエリアの外側に祀りますが、縄文の人々は自分たちが生活する内側に包み込むように祀りました。亡くなった人を祀るというと、現代人はどうしても暗いイメージを抱いてしまいますが、祖先霊

厳かな柱

に守られ、祖先霊と共に生活する人々にとって、はるかな時を知る魂は、むしろ太陽のような光であったのでしょう。

縄文の人々の集落構造と木の構造の同一性は、あるいは、彼らの真摯な木への思いゆえに、いつの間にか木のあり方が人間社会に乗りうつるようにして生じた無意識的なものであったかもしれません。それが意識的なものであったにせよ、無意識的なものであったにせよ、神として最も畏敬したその木と彼らの営みが同一構造であることには驚かされます。

大地という子宮と木

『木』への信仰を深く理解するために、もう一つ重要なものは、大地への信仰です。縄文の人々にとって、大地は神でありましたが、『ひ』と『木』なる存在は、大地と切っても切れない関係にありました。

私たちの祖先がとらえていた大地の精は、私たち現代人が単純に発想するような土の精という認識とは違うのではないかという気がします。縄文は土葬でしたので、人が亡くなると大地に帰るわけですが、大地から芽を出し、天に向かって伸びてゆく木という存在に、大地に帰った精霊たちとのつながりを感じたとしてもおかしくはありません。大地は、人間だけでなく、すべての存在が帰ってゆくところです。そこには、動植物や、人間が創り上げた存在も帰ってゆきます。縄文の環状列石の下層からは、人間が埋められた痕跡だけでなく、土器や石器、さらにはイノシシやクルミの殻なども見つかることがあります。これは、すべての存在の魂は大地に帰るべきという認識があったからだと思われます。

今の私たちもペットなど身近な小動物が死んだ時、大地に埋めることを行います。私も子供の頃に小鳥が死んで、家族から木の下に埋めてあげなさいと言われ、埋めた経験が何度かあります。何もない所に埋めるのはさみしそうですが、大きな木の下だと、木の命に守ってもらえ、見えない世界で木と共に生き続けるような、光が与えられるような、何か安心できそうな感じがあったので、死んだら木の下に埋めてあげるものと思っていました。この何気ない木の下に埋めることで、死後も魂が生き続けるかのように感じられる発想の奥には、古代からの心が眠っている気がしてなりません。

小さな子供に小動物などを葬らせると、誰から言われなくても、そこに木の棒などを立てることがあります。目印の目的もあると思いますが、私たちの祖先の行っていた立石や柱への信仰をも連想させます。

縄文以前の石器時代には、神聖な木の下に亡くなった人々を埋めた習慣があったとしてもおかしくはないと私は思っています。古代の日本では、死者の国を、『根の国』と言いました（日本書紀＝ねのくに、そこつねのくに／古事記＝ねのかたすくに）。死者が大地に帰るという単純な発想であれば、土の国に当たる言葉を用いるはずです。これは、根の周囲に埋めていた時代がそれ以前にあったからだとも考えられます。少なくとも『根の国』という表現は木を基準とした表現であり、彼らが木を主体に世界を見ていたことがわかります。

木は私たちとは違って半分は地下の世界に生きる存在です。私たちが生きることのできない地の国にも生きることのできる木という存在は、古代の人々にとって、この世と祖先の世界をまたぐ存在でもあったのではないでしょうか。縄文の円形集落の形成も、この、木と祖先を囲み、祖先と共に生きようとするところから生じた可能性が高いのではないでしょうか。

私たちの祖先は、家やビルばかりに囲まれた現代の私たちとは違い、はるか遠方の地平線や山々が見渡せる広大な大地に暮らしていました。そうした大自然の中で寝起きを体験してみるとわかりますが、私たちを包む世界は球形に感じられ、自身はその中央にいるような感覚がありありと感じられます。人間は、この世界に生まれ出てからも子宮のように感じられる環境に安心感を抱く心理的傾向があると言われています。周囲を山々に囲まれた大自然は、大きな母胎に包まれたような感覚を感じさせますが、縄文の集落の多くは、そのような所にあります。集落の場所だけでなく、住居をはじめとした縄文の人々の造形にも、子宮を意識していたと思われる造形が多々見受けられます。

根の国（大地）は、この大きな世界の中に暮らす様々な命が帰ってゆく所でもあり、生まれ出る所でもあります。現代の私たちにとって家と言えば地上より高い位置に床を造るのが当たり前ですが、縄文の竪穴式住居は地面より低い、大地の中に生活するかのように造られています。縄文人が高床式の建物を倉庫として用いながら、なぜそこで生活しようとしなかったのかは、合理性や利便性だけでは説明が付きません。すでに研究者たちが指摘しているように、そこには、大地という子宮に暮らすという観点があったに違いありません。私たちの祖先は、よりありありと子宮と感じられる造形をすることで、人間の心は安らぐものであることを知っていたのでしょう。

縄文の人々が作った家には、竪穴部分（大地の中）と地上の部分とを等配分に近い割合で造ったものがあります。現代の私たちの発想では地上部のみを家としてとらえますが、彼らの住居観は今よりはるかに大地志向であったことがうかがえます。

家というものが子宮的存在として意識されていたことは、中央に置かれた男性器を象る立石などからもわかります。立石は、子宮には、男性器の霊力が必要であるという発想ですが、この発想で自然界を見る時、思い当たるのは、やはり木という存在です。木は、その半身を大地に挿入させています。そして、大樹の下には、落葉が養分となり他の場所よりも様々な命が育ちます。この現象を縄文の人々はどう見ていたのでしょうか。彼らにとって、これは男性的霊性によって繁栄する生命の姿に見えたとしてもおかしくはありません。

現代の私たちは、木は、根から養分を吸って幹に養分が送られると考えていますが、縄文の人々には、それだけでなく、日がもたらす精を葉が受け止め、根の国に送り届けるという認識があったように思われるのです。現代の神道の儀式で用いられる「ひもろぎ」は、太古の大樹信仰としての「ひもろぎ」の名残りです。「霊もろ木」とは、「霊を降ろし宿らせる木」という意味であり、その本来が日の霊性を大地にもたらす認識であったと思われます。

時代が進み、より大きな家を建てるために、家の内部に柱を建てる必要がでてきた時、私たちの祖先は、力学的な構造を考え、中心に柱を建てることを選びましたが、同時にそれは、木から石へ、そしてまた石から木へとバトンタッチされた、はるかなる『ひもろぎ』の記憶の復活でもあったのではないでしょうか。

立石は後の世にそのまま残りますが、木は腐ることが多く、なかなか残りません。ましてや人間の営みそのものは形としては残りません。お日さまに手を合わせていたとしても、そうした営みは形には残りません。しかし、私たちの心の世界には、そうした祖先の日々の営みによって形成された世界が生きています。そうした記憶が、子孫を動かし、たとえいったんは姿を消したとしても、何度もその本質を甦らせてきた、それが伝統というものではないでしょうか。

『ひもろぎ』を宿す体

この『木』が『ひ』を宿す存在という認識は、縄文人自身の人間観とも重なり合っていたと考えられます。

縄文住居の生活スペースは、大地の中にあります。その大地の中に彼らは火を灯し続けました。これが、何を意味するかを、縄文の目線で考えてみましょう。

人工のものがほとんどなかった古代において、火を灯すのに用いることのできる自然界の存在は、木か、木から生まれる葉以外にはほとんどありません。現代では、紙や石油などもありますが、それさえも、紙は木から生まれ、石油は大昔の植物や動物が変化した姿です。火は命あるもののみが表すことのできる姿なのです。とは言っても、紙や石油は縄文にはありませんから、縄文の人々にとって、火は、明らかに木のみが表すことのできる姿でした。木のみが火という光に変わることからも、木は『ひ』を宿すものと認識されたであろうことは容易に想像がつきます。広大なこの世界の命の大本が日であるとすると、それを宿した分魂の『ひ』が火であると言えましょう。

古代には、日と火は微妙に異なる音声的使い分けをしていたとも言われますが、一音で類似する様々な概念を表す古代日本語の性質を考えると、大本のルーツと音は同じであった可能性が高いと私は思っています。

『彦』『姫』『人』のように、古代からの日本語で人を表す言葉には、『ひ』が語頭にくるものが多々見られることはよく知られています。これらの言葉には共通点があり、『ひ』を外してもそれぞれの基本となる意味は失われません。『ひこ』は『こ（子＝男）』に、『ひめ』は『め（女）』に、『ひと』は『と』（もともとはト一音で人を意味する音であったという有力説がある）に『ひ』という言葉が付加されています。これらは、もともとは『ひ』を付加した敬称であった言葉が古代に一般化されたものと思われます。これらの語の存在は、古代日本人のもっていた、アニミズム的人間観の実在を示すものと思われます。

太古の時代、日本人にとって万物は『ひ』が宿るべき存在でした。当然、人間もそうでした。人間という存在も家や集落と同じように『ひ』なる力が宿るべきものであり、『子』や『女』は、単にどんな人間かを示し、『ひ子』や『ひ女』は、神聖なる力が宿っていることに意識をおいた神聖語であったと考えられます。

日本語と同一ルーツをもつと考えられているアイヌ語にも、様々な存在に対して、単に存在を示す名詞と神としての名詞の二つがありますが、これとよく似ています。アイヌ語においても、神を意味する語を含ませることで神聖なる存在性を表します。

この、神聖なる霊《ひ》の宿る存在としての『人』という人間観は、まさにアニミズムの人間観です。私たち一人一人には『ひ』が宿り、『ひ』こそが私たちの本質であるという人間観は、家や集落などの万物に『ひ』が宿るとする世界観の一端と言えましょう。

円形集落の中央に『ひ』が宿り、各住居の中央にも『ひ』が宿る構造からもわかるように、私たちの祖先は、個々の存在は、それを含む全体の存在と同型の型霊（形に霊性が宿るという認識）を内在させるものという世界観をもっていました。また、その型霊を内在させる時、健全な活動が促されるという、考え方をもっていたと思われます。自然界と同型の型の下に生活しようとした彼らは、人間一人一人をも同じ世界観の下に観ていたのではないでしょうか。

日本人は古来、東から昇る太陽に頭《こうべ》をたれ、手を合わせてきました。まだ、明るくなりきらない朝の空気の中で、昇っていくお日さまに手を合わせると、お日さまの光が体に染みわたり、身のけがれ、心のけがれがさっぱりと祓《はら》われてゆくのを感じます。一緒に光を浴びている樹木も、全身に光の精を宿し、同じすがすがしさを味わっているように思われてきます。このすがすがしさこそが、『ひ』なるものの存在の尊さを気付かせ、自身にそれが宿されてゆく感覚を気付かせたのかもしれません。

『ひ』なるものがもたらすこのすがすがしさは、わずかなけがれであってもそれをなくしてさっぱりしたいという心理をもたらします。古代日本文化が、一方で祓い清めに徹しているのも、原点はこの『ひ』に向き合う心にあるのではないかと思われてきます。

けがれなき、すがすがしき心身となる時、私たちの心は健康に、人と人との関係も自ずと良好になる。ただすがすがしき心身でありさえすれば、私たちは気持ちよく幸せに生きることができる存在であるという人間観が、日本文化の底には流れているように思われます。ここには、日という存在がすべてをあるべきように導いてくれるという潜在的世界観がありはしないでしょうか。

西洋では、神と言えば創造神を意味しましたが、日本では、基本的には祖先神、すなわち、過去に実在した人間の御魂を意味しました（ただし、古事記の天之《アメノ》御《ミ》中主《ナカヌシ》神《ノカミ》のように、創造神をも同じ神という言葉で表します）。神社で祀られている神さまも基本的に後者です。そしてそれらを柱と呼ぶのは、人間という存在の本質は、霊《ひ》の宿る軸であるという太古の認識の継承であろうと思われます。この認識は、『ひこ』や『ひめ』という言葉が示すように、生きた人間においても同様であったと思われます。そして、『ひ』の宿る軸をいかにそのままに発現させられるかというその観点が、日本の後の芸道の文化の根底にも流れ続けてゆく日本人の潜在的人間観であるように思われるのです。

第二章　円の心

——円は軸的世界観を生み、和心を培った

日本列島で生まれた人類最初の円形集落

円形集落は、いったいどのようにして形成されたのでしょうか。

子供の行動様式には人類初期の文化に類似する性質が認められますが、小さな子供たちを観察すると、目的のないままに集団で円形の形を作ることはまずありません。円をつくるのは、ほとんどが全員が何か一個の存在に関心を向けている時です。ちょうど回転運動が軸を伴うのと似て、みんなで共通する何かに向かおうとした時に円の形を作ることがよくあります。ですから、円形集落文化をもっていた日本列島に中心軸的世界観が強く認められるのは偶然ではなさそうです。

大地に立てた木（柱）に霊性が宿るとする宗教文化が見られるのは、日本だけではなく、とくに北アジアの日本列島に近い地域により濃厚に見られます。しかし日本の特徴は、年代的にも古く、用いられた木の大きさからして規模が盛大です。また、木だけでなく、立石も含め、その周囲をとりまく円形構造がはっきりと認められる場合が少なくありません。

では、この、中心軸的世界観の形成とも関係する円形集落が日本に形成されたのは、い

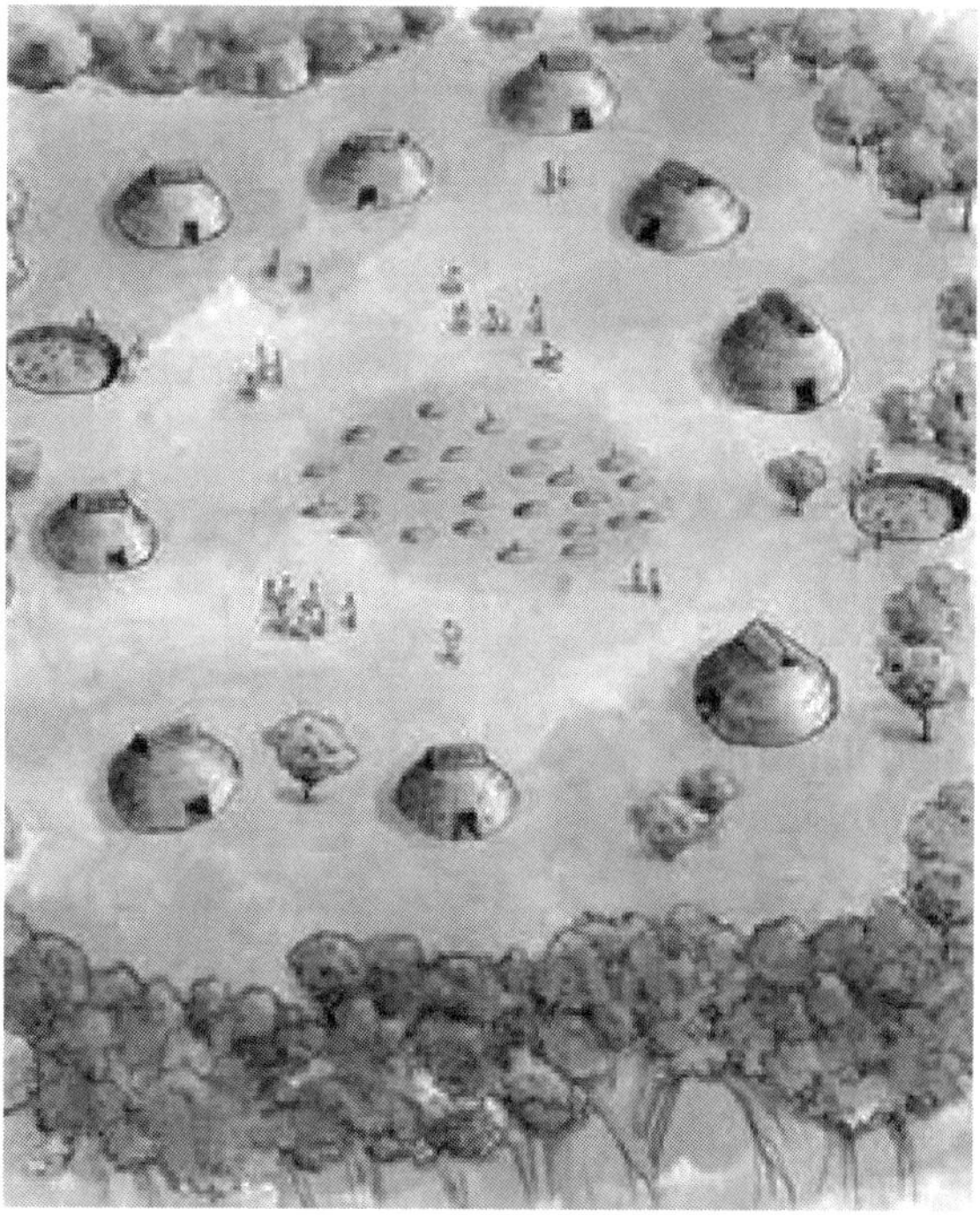

縄文集落のイメージ図（厚木市ホームページより）

つ頃なのでしょうか。

日本における円形集落の歴史を調べると、驚きの事実に直面することになります。縄文時代にはもちろん円形集落が栄えていましたが、日本列島に円形集落が形成されたのは、なんと縄文が最初ではないのです。それは、はるかなる太古、人類が文化と言えるものを持っていたかどうかが微妙な旧石器時代に相当する年代にまで遡ることができるのです。

もちろんこんな時代には、円形集落の痕跡は世界のどこにも発見されていません。ただし、たった一つ例外といえるのが日本列島です。考古学の世界では、約三万六千年前の旧石器時代にあたる年代に、日本列島にはすでに円形集落が形成されていたことがわかっています。世界のどこにも発見されないというのに、日本列島には約百ヶ所も見つかっています。

なぜ円形集落を形成していたのがわかるのかというと、生活に用いていた日用品（石器）の発掘分布が環状であることからです。これは、学術的には「環状ブロック群」と呼ばれますが、このような計画的構造の集落があった痕跡は、円形以外を含めても、この年代には日本以外のどこからも発見されてはいないのです。この事実は、言うまでもなく、中心なる軸を神聖視する世界観の成立を考えた場合に、大変重要な意味をもちます。

この環状ブロック群からは、旧石器時代に相当するにもかかわらず、磨製石器が出土し

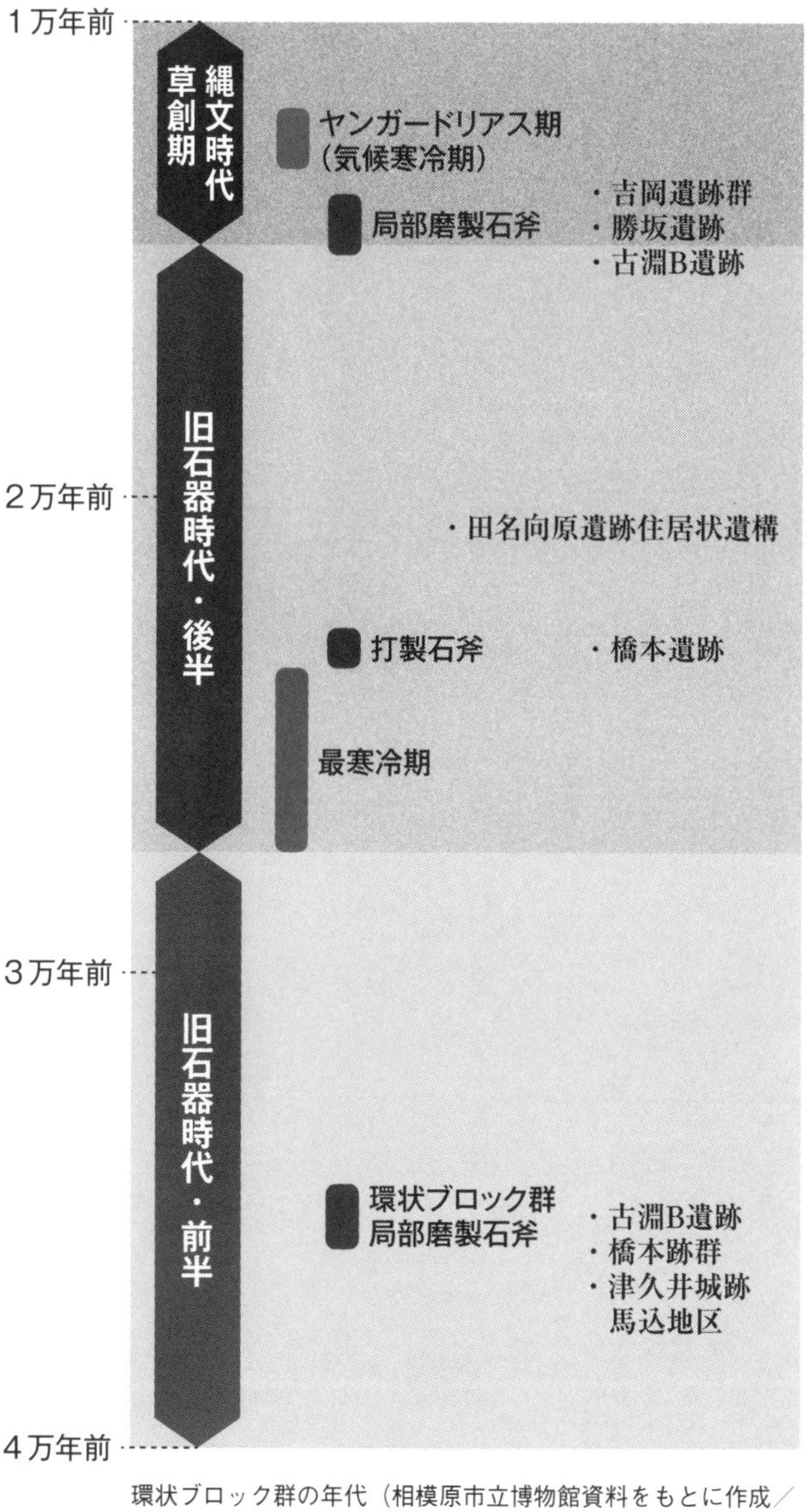

環状ブロック群の年代（相模原市立博物館資料をもとに作成／遺跡名はいずれも神奈川県内のもの）

ています。これも大変な事実です。ご承知のように、西洋の考古学では、人類は一万二千年前から磨製石器を発明し、新しい時代に入ったとされてきました。そしてそれを「新石器時代」と呼び、それ以前を「旧石器時代」と呼んできました。磨製石器の登場は一万二千年前、というのが長らく定説だったのです。このかつての学問的常識を三倍も遡る年代に、この、世界で初めて円形集落を作った人々の間には、磨製石器（局部磨製石斧）を作る技術もすでに存在していたのです。

この年代では日本列島のものが世界最古とされており、近隣の朝鮮半島や中国大陸からも、もちろん一点も発見されていないのに対し、日本列島からは六百五十点以上という数で出土しています。これは、大陸から切り離された日本列島だけに飛躍的に文化が進行していたということを意味しています。

サルなど、動物の中にも自然界の石など、未加工のものを使う動物はいますので、物の使用は人類のみの特徴ではありません。しかし人類は、それを加工するところから道具を作り始めるようになります。人類最初の道具である磨製石器の発明は、人類の人類としてのスタートであり、文化というもののスタートをも意味します。磨製石器の誕生とともに文化というものが、大きく開花したと考えられるために、磨製石器の誕生が一つの時代区分となるわけです。ということは、当時の日本列島は、地球上の他の地域と比べ、二万年以上も人類としての進展を先取りしていたということでもありましょう。実際に、旧石器時代に相当するこの年代の日本列島からは、世界のどこからも発見されていない様々な文化の跡が発見されています。

この時代の人々は縄文人の祖先と考えられ、それが縄文人へとつながり、さらに縄文の人々の血が現代の日本人に流れているのはほぼ確実です。私たち日本人は、人類史上最初の発明をした人々の子孫であり、人類文化の始まったこの年代において、世界最先端の文化を長らくリードしたのは、私たちの祖先だったのです。『ギネスブック』は日本を世界最古の国と認定し、その基準を王室の長さで規定しています。しかし、人類文化の上からも日本列島がこのような歴史をもっているという事実には、それ以上に価値があるのではないでしょうか。

世界最古の発明と加工の歴史をもつ人々の末裔である私たちが、現代においても世界最先端の商品や発明を生み出しているのも偶然ではないのかもしれません。日本は、国別特許取得件数でも世界一を長年維持してきた発明王国です。三万年以上も前に人類最初の発明をしたその血が、今も私たちを発明へとかりたてているからでしょうか。世界に二百近くある国の中で、世界最古の発明の歴史を持つ国が世界最先端の発明をリードする国でもあるのは、偶然とは思えない気がします。そう考えると、日本人の発明好きも、三万年以

縄文時代の大湯環状列石・野中堂（写真：秋田県・大湯環状列石）

上の伝統をもつという驚くべき話になります。

旧石器時代から縄文の時代まで、円形集落文化が直接的に続いてきたのかどうかは不明です。環状ブロック群自体は、約一万年で姿を消しています。しかし、それは日用品の跡ですから、たとえば石器を人間と同じ場所に葬る必要など、生活の道具に対する新たな宗教概念の成立などがあれば、その形態は変化してしまいますので、円形集落自体は持続していた可能性もあります。あるいは円形集落が姿を消していたとしても、彼らの中にその文化の流れや世界観が何らかの形で持続して、再び円形集落を形成させたということも考えられます。環状ブロック群が発掘される地域と、縄文の円形集落文化が見られる地域はほとんど一致していますので（関東西部を中心に東西に広がり、縄文になると関東西部を中心に東西範囲がさらに拡張）、少なくとも底辺でのつながりはあると考えるのが自然であると思います。

先にふれたように、子供たちが円形に集まる時は、誰もが同じ何かに目を向け、それを取り巻く時です。たとえば保育園児を観察すると、鳥が庭に死んでいて、一人がそれを見つけるとみんなが集まり、それを取り巻いて輪になるような、そんな流れで輪というものは形作られます。観点を変えれば、軸となる何かが設定された時に輪ができることになるわけです。

日本や北アジアには、棒状のものを大地に立てて祭祀を行う宗教文化があります。これは権力者の祭祀よりもむしろ民間の祭祀が主体になって維持されてきた文化です。たとえば日本の農家では年の初めに竹を畑の中央に立てて、大地の神さまへのあいさつと豊作のための祭祀が行われてきました。このような祭祀は、行われていても物的証拠は何も残りません。祭祀が終われば竹は取り去りますし、残されたとしても腐ってしまいます。民間の文化というものの大部分は、こうした形の残らないものです。それが時代とともに大がかりなものとなったとき、はじめて形に残るようなものが生まれるわけです。こうしたことも考え合わせると、円形集落が形として形成された旧石器時代には、すでに中心軸的世界観の原形が形成されていて、それによって円形集落が形成されたと考えるのがむしろ自然ではないでしょうか。

旧石器時代の磨製石器や円形文化は他国に伝わった形跡はありませんから、長い間、日本列島では独自の円形集落文化が熟成されていたのは間違いありません。その形成年代の圧倒的な早さを考えると、日本列島での中心軸的世界観の成立は、他のアジア地域よりも格段に古いと考えるのが妥当です。また、世界の中でも韓国以北の中国大陸極東部、すなわち、日本列島よりのアジア地域に中心軸的世界観が濃厚に見られますが、これらを考えると大陸から日本列島へ伝播したのではなく、日本列島で熟成された中心軸的世界観が、古い年代に大陸に伝播したか、または、日本列島から大陸に渡った人々がそれを維持したからであると考えるのが自然ではないでしょうか。

もちろん、それ以降の時代においては、逆輸入的に中心軸的文化の一部が大陸極東地域から日本に入ってくる流れもあったことでしょう。文化というものは大陸から一方的に来るものと、とかく島国である日本人は考えがちです。しかし、少なくとも、中心軸的世界観に関しては、日本がその最古の発信地であった可能性が極めて高く、この事実への認識は、私たちの心の世界を知る上で重要であると思います。

歴史の常識は、これまでに何度も書きかえられてきました。縄文土器の年代にしてもそうです。戦後、放射性炭素年代測定により、縄文土器が当時の常識から見るととんでもなく古いものであることを示す判定が出ました。しかし、日本の学会はその後もそれを否定し続けました。それは、人類文明の発祥の地はメソポタミアであり、土器というものはそこから伝わってきたものであるという常識が根強かったからです。

メソポタミア最古の土器は八千年前とされており、日本に伝わる年数を考慮に入れて、縄文土器は、四、五千年前のものだろうとされ続けていたのです。もしも放射性炭素年代測定を認めてしまえば、土器の発祥の地はメソポタミアではなく、日本ということになってしまいます。そんなばかなことはありえないと、日本人自身がそれを否定し続けました。

しかし、その後、放射性炭素年代測定以外の様々な鑑定方法も生まれ、それらを使ってもその結果は疑う余地がないことがわかり、否定できなくなってしまったのです。日本の縄文土器が人類文明発祥の地と言われたメソポタミアよりも古いことは、今や世界の常識です。日本列島には、人類最古の文明と言われたメソポタミアよりも七千年以上も前から土器文化が栄えていたのです。

また、漆塗りの技術にしても、日本人は長い間、中国から渡ってきたものだと信じ込んでいました。しかし、日本から九千年前の漆工芸品が出土し、中国よりも古い歴史があることが今は常識となっています。

考古学が、磨製石器が用いられるようになったときを一つの時代区分とするのは、先にふれたように、磨製石器の発明と同時に他の様々な文化的要素が花開くからですが、初期の人類の文化的発展は、よく似た経路を辿ります。文化の発展が先んじていれば、精神文化もそれに応じて早期に生まれます。この点を考えると、アニミズム文化（あらゆるものに魂の存在を見る文化）の成立や発展も、日本列島は他の地域よりもはるかに先んじていたことが考えられます。日本が世界の先端を行く国でありながら、アニミズム的文化が底辺でなおも生き続けているという特殊性をもっているのは、自然の精霊とともに生活した歴史が一万年以上と他の地域よりもはるかに長く、その分だけ私たちの中に深くそれが定着しているというのも一つの理由なのかもしれません。

未開の民族が原始の時代のままの生活を何万年も続けてきたように、古代に至るほど文化の進展は今日よりもはるかに緩慢です。神話の中に明確な中心軸的世界観が登場し、あれほど大規模な柱による建築が縄文時代になされるには、かなりの年月を必要とするはずです。縄文の竪穴式住居に近い住居は日本列島では縄文以前の石器時代から存在しており、その中には、炉の存在も確認されています。日本の心の文化や日本人らしさの基盤は、どうやら人類文化の原点の時代にまで遡ることができそうです。

日本伝統民家に流れる三万六千年の精神

「彼女たちの脳裏にはいつも炉辺《ろばた》があった」という新渡戸稲造の言葉（前出）のように、私たち日本人は火を家族みんなで囲んで心を一つにするという型を、一万年以上にわたり継続させてきました。炉が家族の心を一つにする力をもつのは、一つの中心を囲むというそのスタイルに刻まれた一万年以上に及ぶ歴史が私たちをそうさせているのでありましょう。

日本の伝統民家には、そのような長い歴史と祖先の心が下敷きにあるように思われます。しかし、日本の民家には外国から入った信仰要素と思われるものもあります。たとえば日本民家には、大陸から渡ってきた神様である大黒様が祀られたり、仏教として仏壇が置かれたりしています。ということは、日本民家は、様々な信仰が寄り集まった場所でもあるのでしょうか。

たしかに見かけ上はそうかもしれません。しかし、それらの外来文化さえも、それがどう取り入れられているのか、そこに流れる本質に目を向ける時、底辺では一貫した世界観が見えてきます。

「大黒柱は一番こわい神さま」

これは、私が子供の頃に家族から何度も聞かされた言葉です。各家庭や地域によって違いはあると思いますが、大筋では日本人は大黒柱への畏敬の心をこんなふうに子供たちに教えたものです。「一番こわい」とは、家の中で祀られる神々の中で、最も中心的存在で、最も畏《おそ》れ多い神さまということ。大黒柱をお祀りする節目の日の祀り方に丁重さが欠けていたり、日々の暮らしの中で大黒柱を尊ぶ思いが欠けていたりすることは一番ばちあたりにあたるから、そのようなことがないようにしなければいけないということを、こんな言葉で教えたのです。

しかし、「一番」と表現するのは、他があるから一番と表現するわけです。日本の伝統民家には、家の中に何ヶ所も神聖な場所があります。アニミズムと言った場合でも、一神教世界の人たちは山や川など、自然界の中での神々への信仰を連想しますので、人間が造った家の中のいたるところにまで神さまが鎮まっているというのは、想像もできない世界でしょう。

キリスト教やイスラム教など、唯一絶対の神のみを信仰する一神教社会の宗教認識では、神さまが二人いたらどちらかが正しく、どちらかが正しくないもの、というのが常識です。神さまが一人でなければこの世界は矛盾したものになってしまう、というのが当たり前の考え方です。しかし、日本人の世界観は、この観点だけでは理解できるものではありません。日本人は神さまの世界も一つでもあるという暗黙の認識が潜在しています。しかし、日本人が他の多神教社会とも違うのは、本質においては神々の世界も一つでもあるという暗黙の認識が潜在していることです。実は、この認識は、家というものにそっくり刻まれています。日本人のもつ極めて強い一元論的世界観（この世界は本質的に一つの源泉から生じた世界ととらえる世界観）も、この、家に刻まれたその型通りの認識であることがわかります。

縄文の時代を想像するとわかると思いますが、太古の時代、家族は中心にある炉を囲むようにして生活していました。炉は冬の間は囲炉裏の役割を果たします。火にあたり、温かくなると、心も和むもので、炉は家族団欒《だんらん》の場でもありました。電気のない家の中では炉がなければ夜は真っ暗です。炉は照明の役割をも果たします。炉は同時に料理を作るコンロの役割も果たします。生活になくてはならないいくつもの有難い役割を、中心なる火が果たしていました。私たちの祖先が囲んでいた火は、神祀りの中心であると同時に、なくてはならないいくつもの尊い役割を提供し、幸せな日々をもたらしてくれる中心でもあったわけです。

しかし、時代も下って「太古のひもろぎの再現」とも言える中柱（大黒柱）が家の中に設定されると、家は大きく変化します。中柱と一緒に火は灯せませんから、中心なる火は、囲炉裏と竈《かまど》という異なる役割に分化され、中柱の近くの位置に設定されるようになります。そうなると、当然の流れとして、その囲炉裏や竈も神さまがお宿りになる神聖な場所という認識が引き継がれます。

囲炉裏や竈がどうして神さまであるのかは、こうした歴史を知った時、はじめて納得できるものです。これらに大陸から伝わってきた神さまが重ねられ、中柱を大黒柱と呼んで祀られるようになったのは後の時代のことです。心情的には神社や寺院で用いる心御柱などの言葉を民間で用いることは恐れ多いと感じることから、別の尊称が一般的となったのでしょう。大黒様が台所の神さまと見なされたことから、この名称が一般的に用いられるようになったものと考えられています。竈と大黒柱は本来一つであることが、このことからもわかります。私たちの祖先は、それ以前からあった竈への信仰に海外の神さまをあてがうことで、その尊さを引き立たせようとしたのです。

新年を迎える時、日本の伝統民家では、家の各所にお供えをします。その役割は子供にまかせられることが多く、私は子供の頃、台所にお供えをあげながらどうして台所にお供えをするのか、何か深い理由がありそうで、子供心にも知りたいと思ったことを覚えています。神祀りを丁重に手間ひまをかけて行うことで、伝統を体にしみこませるように昔の子供たちは育ったものです。今は竈はガスや電気に変わり、囲炉裏はこたつに変わりましたが、それでもこれらの場所を尊ぶ伝統が受け継がれている家庭も地方では少なくありません。

さて、炉は、祖先の魂が宿る場でもありました。中心（炉）の役割の分化は、祖先の祀りをも分化させ、祖先をお祀りする場（仏壇）も後の時代には別個に設けられるようになります。お釈迦さまの教えは祖先祀りではありません。墓とは別個に屋内に祖先を祀ろうとするこの日本的風習は、仏教という仮の姿を借りながら、その実は縄文以来の、祖先を生活の中心に宿らせようとする精神です。

縄文の人々は家の中心にも立石を祀りましたが、これは、今日の私たちがお墓とは別に位牌を家の中に祀るのとほとんど変わらない行為と言えます。本質はそっくりそのまま踏襲されていることに気付かされます。縄文の人々はその立石の場所で祖先の魂が存続し続

著者監修による現代住宅のモデルハウス《未来の伝統住居》
天井まで届く一本の大黒柱が居住空間に統一感をもたらす
（詳細は『和学』HP　http://japanese-traditional.jimdofree.com/）

古民家の大黒柱（写真：じょんのび庵）

けることを象徴する火を灯し続けました。私たちがお仏壇の位牌を祀るとき、ろうそくに火を灯すのに似ています。また縄文の人々にとって炉で食事をするのは、祖先と共に食する意味があったに違いありません。今日の私たちが、食事の前にお仏壇にお供えするのは、やはりその伝統の心であると思います。

お墓の形も、平たい西洋のものと比べ、日本のお墓は立石の形状に似ています。日本人の生活の営みは、はるかな太古の先輩たちの心の営みを、表層のみ変形させながら、その実は驚くほど忠実に踏襲していることがわかります。仏教も、大黒様信仰も、日本人にとっては縄文以来の伝統に、表層のみ、よりありがたみの感じられる色付けをした仮の姿にすぎないのです。

祖先はさらにたどってゆくと、民族としての祖先につながります。仏壇で祀られる祖先が身近な祖先であるのに対し、神棚で祀られる神さまは、民族としての祖先神です。神棚は、神社形式が生まれてから成立したスタイルで、それ以前にはありませんでした。これも、歴史的には、祖先神祀りの、さらなる派生なのです。

なぜ数ある神々の中でも、大黒柱が一番おそれ多いのか、その理由がここにあります。家に宿る神々の中でも、歴史的に本家本元の位置（縄文においては炉、それ以前においてはひもろぎ）に鎮まるのが中柱なのです。柱は、日本人にとって神さまですから、中柱は、字のごとく、日本人にとって中心なる神さまなのです。

明確さを好む西洋人が日本の家を見たとすれば、間違いなく、いかにもそれとわかる仏壇や神棚が家庭での一番の信仰の中心と見えることと思います。間違っても彼らの目には家の構造物にしか見えないただの柱が、その家の中心なる神であるとは考えも及ばないことでしょう。しかし、日本人が畏敬してきた真の伝統的中心は、家にとっての一番の要でもある中柱なのです。

そこには、太古の『ひもろぎ』を引き継いだ、長い歴史が秘められています。お日さまがこの世界を照らし、光をもたらすように、大黒柱から放たれる見えざる光が隅々にまで行き渡る広がり、これが私たちの家というものの考え方の大本にあるものです。

この、住居の機能と信仰がまったく一つになったあり方は、何を意味しているのでしょうか。これは、信仰対象を作りあげるのではなく、あるべくしてそこにある存在そのものへの畏敬、家の中に神聖なものを作るという発想ではなく、家自体が最初から神聖な存在という認識に支えられています。日本人が物として物を認識していないがゆえに生まれたあり方です。これは、人類共通の原点的世界観、アニミズム以外の何物でもありません。

型が育む心と社会

この宇宙は一つの存在ですから、一つの神が宇宙を創ったという考え方は多神教よりも妥当な考え方のように思われます。しかしながら現実の一神教社会は、自身の神とは異なる神をあってはならないものととらえ、一神教同士の痛烈な戦い（宗教戦争など）を引き起こしてきたことも事実です。これに対し、多神教社会は他を排斥せずに受容する性質が強いために、争いが少ない一面があります。

こうしたことを考える時、一つの軸によって個々の信仰が一体となっている日本伝統民家の世界観は、一元的であると同時に多神教のよき性質をも併せもっているように思われます。

この世界が一なる神によって成立したとする一神教は、言語によってそれを論理化される過程でその神に固有の名前があてられ、言葉（名）が絶対化してゆく傾向があるように思います。そうなると、他の一神教の神は許容できなくなる矛盾が生じてゆきます。これに対し、一つの中心を囲む日本人の世界観は、型の上からは一神教的ですが、しかし、そこでは言語や言語観念による固有性が生じることなく、A集落の中心も、B集落の中心も、等しく尊く、同一の世界観であることが暗黙に理解されます。つまり、非言語的に成立する一元的型文化の下では、お互いが否定対象になることはありません。縄文社会に争いがほとんど存在しなかったことと、縄文社会がこのような型を伝達する社会であったこととは、無関係ではなさそうな気がします。

縄文遺跡からは人の手によって殺傷された人骨がほとんど見当たらず、弥生時代に入って圧倒的な数で見つかるようになったことはよく知られています。正確にいうと、人の手によって殺傷されたものであるかどうかの判断は難しいのですが、縄文遺跡からも殺傷された可能性のある人骨は、数は少ないのですが全国的に見つかっています。しかし、その殺傷人骨とおぼしき人骨の分布も、実に考えさせられる分布で、よく調べると、十分な円形集落が形成されていない地域から発見されています。これは、円形集落と社会の調和との関連の高さを物語ります。とくに円形集落の主たる形成地である現在の相模原（神奈川県）、東京西部、山梨などは、縄文遺跡の最密集地、つまり縄文の人々が最も多かった地域にもかかわらず、殺傷人骨らしき人骨が見つからないのは、驚くべきことです。世界の考古学的年代の遺跡からは、現代とは比べものにならないほどの比率で、人の手によって殺されたとわかる人骨がほとんど例外なく出土しているからです。

円形集落地域の縄文人の世界観には、大宇宙と小宇宙の関係に似た相似形的な世界認識が強く認められます。家の中心への畏敬は、集落の中心への畏敬に通じ、集落の中心への畏敬は、よりマクロな中心へと通じているのでありましょう。そしてこのあり方が、他を否定しない互いの関係性を成立させていたのかもしれません。木星や土星の衛星群が互いにぶつからないのは、センター（木星や土星）を中心に運行するからですが、木星や土星など、それぞれの惑星も、センター（太陽）を中心に運行することで調和しています。家々も、集落も、中心に宿る祖先神に皆の心が結ばれることで調和する円形集落文化の調和は、これと実に似ているように思われます。

石器時代と縄文の円形集落地域は、共に当時の日本列島における最先進文化地域です。そのことを考えると、この先進地域に形成された独特の文化は、円形集落を失った後もその一部の文化性が全国規模に広がり、現在の私たちが日本人らしさと認識するような独特の性質や文化の基礎を築いていったのではないかと思われてならないのです。

神学という言葉が象徴するように、西洋では、神について数限りなく論ぜられてきました。そこでは同じ宗教宗派であっても時に矛盾が生ずることさえあります。しかし、日本人にとって、「『ひ』なるもの（霊性）」は、その後の時代においても長らく論ずる対象ではありませんでした。それは、ただただ営みのみによって、子孫から子孫へと伝えられてきました。「囲炉裏、竈、仏壇、神棚」、これらは、日本人にとって日常生活の営みの場そのものです。朝起きると、体と家を清め、神棚に参拝し、竈でご飯を炊き、仏壇にお供えし、囲炉裏を囲んで家族そろって食事をいただく、そうした日常の型を通して日本人は不変的神性を認識してきました。

日本人にとって、食べ物をいただくという行為は、作る段階を含めたすべてが、「霊《ひ》なるもの」との関わりでした。早朝の日課であるそうじも、神仏に気持ちよく家にお宿りしていただくための行為であるため、ほうきさえも、神に近い存在として認識され、どんな論議よりも、ほうき一本を用いることの方が天に通ずる尊い行為とみなされました。現代の学校教育では、先生によく質問する人が熱心な人と見なされますが、そのような経験のある方が伝統日本文化の世界で同じように質問をしてしまって、しかられたというような話をよく聞きます。これも言葉主体ではない文化が日本には流れているからでありましょう。

論理というものの成立には、それを表す言語や方式が必要となります。一つの運行（行為）を異なる方式で表すことも起こり得ます。日本人には、言語論理的方式の確立よりも、運行そのものに同化する直接的方法を優先させてきた歴史があります。それが『型』であり、日常の営みは、日本人にとって、その実践でもあったわけです。

仏教はお釈迦様の教えです。キリスト教も、イスラム教も、一人の尊い人間の言動から生まれた『教え』主体の宗教です。それを信奉する人々の思いが強いほど、社会は一つにまとまり、調和が生まれます。信奉が弱まれば、人々の道徳性も低下しやすくなり、社会も不調和になります。教え的宗教世界で言葉が重視されるのも、言葉が教えを伝えるからです。西洋の人々が宗教を信じていない人を軽蔑する傾向があるのも、そのような歴史があるからです。

しかし、型こそが神聖伝達である日本には、このような教え的文化は長い間存在しませんでした。しかしながら、その宗教的教えが存在しないはるかなる時代から、争った人骨がほとんど発見されないことに象徴される、世界に類のない調和社会が奇跡的な長期にわたって維持されてきました。日本を知りはじめた頃の西洋人の記述を見ると、宗教がないのに人々が調和しているのを好評価する一方で、日本人は世界で最も宗教心のない人々であるという批判も書かれています。しかし、この批判的評価こそ、日本文化の特異性を最もよく表しているものであると思います。「教えを聞いたり何かを信奉する行為が宗教」であると考える人々の目には、日常生活がそのまま宗教と言ってよい『営み』の文化は、宗教には見えません。しかし、この『世界で最も宗教心のない国』に、いかなる宗教世界よりも高い調和が長らく存在したという事実の奥に、人類にとっての大切な真理が眠っているように思われてなりません。

西洋では、物理的存在を扱う「科学」と心を扱う「宗教」という、二つの別々な方法でこの世界や人間をとらえてきました。合理主義の前者は宇宙を自然発生とし、心の世界を重視する後者は宇宙を神が創ったと言い、この両者の矛盾を、心の文化と物質文化を区分けすることで認めてきました。

しかし、日本人は、宇宙という存在をいかに認知するかではなく、存在への直接的同化を大切にしてきたように思われます。そしてその方式を型と言い、後の時代にはその実践を道と呼んできたように思います。

仏教、ヒンズー教、キリスト教、イスラム教……と、世界の宗教が『教（え）』であるのに対し、神道が『教（え）』ではなく、茶道、弓道などの芸道・武道の文化と同じく『道』であるのも、この観点によるのであろうと思われます。

権威アニミズムと縄文の共和アニミズム

西洋の考古学者たちが描くシャーマニズム社会のビジョンは、一人のシャーマンを頂点にして成立する社会であり、神霊などとコンタクトできるシャーマンはそのトップに君臨する権威者です。これは多くの古代社会において実際にそうであったと思われます。しかし、縄文の円文化社会に関しては、そうした権威者の存在の形跡はほとんど見当たりません。反対に、みんなで築き上げられた社会としての痕跡が濃厚です。シャーマニズムの時代から、円形集落社会とそうでない社会との間には、すでに明確な差異が成立していたのではないでしょうか。

西洋の学説では、長い間、「農耕の始まり＝定住生活の始まり」と考えられてきました。しかし、私たちの祖先は、この常識には当てはまらない、農耕にほとんど頼らない定住生活を一万年以上の長期にわたって営みました。たとえば縄文には、一つの場所に千五百年にわたって定住した生活跡などもあり、こうした生活を狩猟採集による定住生活と見る専門家もいます。一つの社会が千年以上にわたって持続するというだけでも、人類史の中の例外にあたりますので、縄文の持続性は驚異的です。

縄文文化と一言で言っても地域差も大きいのですが、総じて彼らが農耕に頼らない定住生活を送っていたことは間違いありません。農耕は人類に労働という概念をもたらしました。そして、集団による労働は、集団の統率性を必要として、統率者を生み、労働者を生み、そうして生じた上下の関係性による社会の中では、宗教にも上下が生じてゆきます。権威シャーマンの存在は、そうした社会の必然と言えましょう。あるいは、円形集落文化でない不平等を常識とする社会（古代ではそれが当たり前でした）には、農耕以前から権威シャーマンは存在していたかもしれません。

農耕は、自然を壊すところから始まります。自然界と人間界とに境界を設けるところから社会がスタートします。農耕に頼らない縄文の定住は、自然そのままをより豊かに手助けすることで過度な労働を必要としない社会を実現しました。前者と後者とでは、自然界への認識は当然違ってきます。

食料を確保し、自分の身は自分で守り、生産性を高めるという観点による農耕の定住は、労働にたよらざるをえず、そこからは権威的組織性が生まれます。シャーマンのもつシャーマニズムも、西洋の学者たちがビジョン化するような、何かの定理を強く希求する自己保持的呪術要素が濃厚となるのは当然でありましょうし、時にその呪術と呪術はぶつかり合ったことでしょう。

農耕は自分で作った作物を食べますから、自然界からの恩恵をいただくという思いよりも自力で手にするという観点が濃厚になります。それに対し、狩猟採集の食生活は、すべてが自然界からの恩恵です。日本の森は少し歩いただけでも食料の宝庫です。移動せずとも成り立つほど豊かな狩猟採集生活は、日照りなど天候変化に大きく左右される農作物と比べ、多種多様な食料をベースにしているので自然界の変化に強いものです。そこでは、ことさらに何かの成就を念ずるような色彩は農耕社会ほど強くならず、祖先への感謝や自然界への畏敬の念が主体のアニミズムとなるのも当然の流れと言えます。また、シャーマンや教祖のような特別者ではなく、みんなが共に成立させる色彩の強い宗教文化となることも当然でしょう。西洋の教義主体の宗教文化と、日本の型主体の精神文化の差異は、このあたりから既にスタートしていたと考えられます。

先にふれた世界のスタンダードとも言える、一人の人間を信奉することで社会が一つになる『教え』型の宗教の社会的機能性は、同じく一人の人物の特異性を頂点とする権威的シャーマニズムの社会的機能性とよく似ています。一人物よりも型主体の日本の精神文化が、同じく型主体の縄文の原理と酷似しているのも、偶然ではないと考えられるのです。

第三章　型の心は軸にある

――壁原理の現代社会が失った軸の原理

型が伝えるアニミズム

日本人の世界観は一元論的傾向が強いと言われてきました。

一元論とは、存在の大本が一つであるととらえる世界観です。この世界は、対立的、分立的なのではなく、一番深い本質では一つのものであるととらえる傾向が日本人は潜在的に非常に強いと言われます。神社にもお寺にも行き、クリスマスも祝うというように、どれが正しいという見方ではなく、可能な限りを営みとして受け入れようとするのは、どんなものもみんな仲間であるとどこかで思っているからです。

もちろん、受け入れるべきでないと思われることには拒否する性質も日本人は一方では持っています。しかしその拒否をする場合も、全体を乱すとわかるときに発揮される傾向があり、拒否さえも一元論的傾向が見られます。

この日本人の性質を培ったものは、何だったのでしょうか。

他の民族においては、民族の精神は、経典など、言語によって伝達されるのが通常です。しかし、日本においては、世界観の伝達の主体は、『型』なるものでありました。

大自然を代表する木という存在は、営みのバトンタッチで成り立ちます。最初の細胞たちの営みを新しい細胞たちが引き継ぎ、その新しい細胞たちは、古い細胞たちを大切に自らの内に包み、今度はまた新しい細胞たちに同じ営みをバトンタッチしてゆきます。この連綿と続く『営み』が一つの調和された『型』を作り上げます。日本人の世界観や社会観念は、ちょうどこの木のような伝達性で伝えられてきたように思われます。

壁主体の西洋と軸主体の日本

若い方々は、日本の伝統民家のことを知らなかったり、知識としては知っていても実際にそこに入ったことのない方も少なくないでしょう。しかし今日では、古民家として伝統民家が展示されているところもありますから、伝統民家で育っていない人もそうした所で心を落ち着けて静かに伝統民家の造りを感じる時、大黒柱に限らず柱の存在全体が独特の空間を醸し出していることがわかると思います。一つ一つに個性を持った伝統民家の柱は、その一つ一つの存在が、命ある家であることを感覚の上でも感じさせてくれるはずです。

日本では、柱は神でありました。しかし、現代の洋風住宅では、柱は家を支える物理的材料でしかなく、外から見えないように壁の中に埋め込まれています。柱は視覚上、存在しない中で生活しています。

西洋の家は、枠となるブロックを積み上げて家を支える発想から生まれた家です。家の内部もブロックで仕切られた壁によって支えられることで成り立ちます。外界と家、部屋と部屋を仕切ることが家の成立でもある造りです。そして家族はそれぞれの仕切られた空間の中で生活することになります。それに対し、日本の伝統民家はまず柱から建てますから、基礎的構造の段階ではすべての部屋が見渡せ、仕切りは存在しません。日本伝統民家の基本構造はワンルームなのです。まさに一元世界が基本です。それどころか、家の基本構造は、外界に対しても仕切りはあいまいです。

縄文集落は、集落を囲む城壁などの仕切りをもたず、中心への強い焦点意識によって統一されていますが、この基本性がそのまま継承されていると思われる点が多々あります。

伝統民家では、柱の次に鴨居、敷居、その他の梁を造り、最後に、ふすま、障子、土壁といった、実に簡単に取り去ったり、再生のできる仕切りを取り付けて完成させます。仕切りは決して主体にはならず、実に簡素です。この家文化の差異は、個人主体の西洋社会と、和を重んじてきた日本社会の違いに通じているように思われます。というよりも、むしろ壁による住まいという環境が西洋人のその性質をつくり、柱による住まいが日本人のその日本人らしさを育んだ、といえるのではないでしょうか。

日本伝統構法の建築過程（惺々舎ホームページより）

体に対する観点においても、日本の体の文化は西洋スポーツとは実に対照的です。日本の芸道・武道の文化における型の習得や、畳の上での着物生活での所作は、むやみに外側の筋肉は鍛えませんが、体軸がしっかりと構築される体づかいです。最近では、西洋でもインナーマッスルとか体幹を鍛えるという視点が注目されるようになりましたが、日本人は元々、体の文化の上でも軸から構築されてゆく文化でした。ブロックの中で生活してきた文化では体に対してもブロック的要素に目が向かいやすく、柱の住まいで生活する文化では、体も柱から構築しようとする傾向があるのかもしれません。

健康や美容の効果から体幹などの観点が注目されるようになってきましたが、おそらく今後、精神上の効用も注目されるようになるでしょう。日本人は長い歴史の経験から、心のために体の軸の構築が何より大事と考え、その方法を営みの型として伝承してきました。

現代社会の枠を超えて

縄文の集落跡で時間を過ごし、縄文の人々の目を通して家を見ようとすると、私たちの思っている家とは捉え方そのものが大きく違う気がしてきます。それはそもそも、私たちにとっての部屋に近い感覚ではなかったかという気がするのです。

縄文の集落は、血縁関係で成立していますので、集落の人々は親しい親戚であり、彼らの感覚では伯父や伯母、従兄弟といった人々で成り立つ一大家族であったはずです。そうした感覚で集落を見ると、集落が計画的に作られているのは、私たちが家族の思いを一つにして家を建てるのと同じように、集落の皆が家族として力を合わせて集落を構築したのであろうと想像されてきます。

美しい輪の形で構成され、中央に祖先の魂が宿る集落は、少なくても感覚的にはその空間全体が一大家族の家なのではなかろうかと思われてきます。彼らにとっての家の単位は、円形集落自体ではなかったかと思うのです。

大地や空や木々といった自然界を巻き込み、自然界と融合する雄大で開放的な家感覚こそが、人と人とを豊かに結び付けていたのではないかと思われてきます。自然を巻き込んだ家（集落）の中に、それぞれ独立した部屋（家）がある、それが私たちが彼らの家としてとらえているものではないか、そう思うと、彼らのダイナミックな感覚が伝わってくる気がします。彼らの集落跡を見ると、集落の入り口やその他の石組み配置など、同じようなパターンの小集落が近隣に隣接しています。それを見ると、やはり円形集落自体が家であったと感じられてくるのです。

私は小さな頃、留守で誰もいない隣近所の家に入って遊んだことも度々で、その家の人が帰ってきても、家族が帰ったかのように接してもらっていた記憶があります。隣の家に入るのは、現代の兄弟の部屋に入るよりも気軽だったようにも思うのですが、これも、こんな太古からの伝統的精神が日本の集落には受け継がれていたからかもしれないと思われてきます。

縄文の集落に城壁や囲いのようなものは存在しません。これは、彼らが集落という単位を、枠によってくくる発想で捉えず、中心なるものを包むという内的発想でとらえていたからであると思われます。

自然界との境界を設けて開墾することからスタートする農耕定住生活とは異なり、狩猟採集による縄文の定住生活は、自然界との境界はあいまいです。自然と融合した生活のままにスタートした私たちの祖先の集落社会は、中心なる核の成立によってその単位となる家が成立するという、自然界と似た方式に自ずと行き着いたのでありましょう。物質の最小単位である原子や、宇宙の太陽系は、それぞれが一つの集合体を形成していますが、原子と原子、太陽系と太陽系の間に枠があるわけではありません。中心なる軸をとりまくことで、それぞれの存在単位が生み出される、この成立の原理の下では、必然的に円形形態が生まれます。

また、中心なる軸をとりまく社会では、仕切りというものがあいまいなほど、むしろその外の集団と調和的となる傾向が生まれます。この縄文的視点は、伝統民家にも受け継がれているように思われます。伝統民家には、縁側という、あえて内と外とのしきりをあいまいにするかのような、内と外との中間の存在があります。また、土間という、外から気兼ねなしに入れる大地のままの部分が家の構成要素の一つになっています。仕切りというものを可能な限り設定させない仕組みと言えましょう。

西洋では、強固な壁を造ったり、カギをかけることで盗難を防止してきました。カギをかけなければ泥棒の数も増やしてしまうと考えます。しかし、西洋とはまったく異なる方式で成立した日本社会は、これとはまったく逆方向の努力によって盗難のない社会を実際に維持してきました。日本が、冒頭のザビエルの言葉のような社会であったのは、この、仕切りとはむしろ真逆の性質の伝統によるところが大きいように思われます。

日本人は何かあると他者に対してすぐに謝ります。このような人々は世界では非常に珍しいことが、今では広く知られています。

たとえば日本をよく知るアメリカ人は、アメリカで日本人のようなことをしていたらお金がいくらあっても足りないと言います。訴訟の国アメリカでは、謝ることは罪を認めたことになってしまうため、日本人のように謝ってしまうと、すぐに訴訟で負ける要因になってしまうからです。ですから、自身が悪いとわかっている場面でさえ、アメリカでは不利にならないよう謝らないのが常識です。これはまさにブロックの文化です。それに対し、日本人はそれとは真逆の方法、すなわち、無防備なまでに自身の非を認めて、その場の調和をくずさないようにすることで、自身の身も、相手の立場も守ってきました。どんな小さなことでも相手の気を害したかもしれないと感じたらすぐに謝るという、ブロックを可能な限りなくす方法によって、私たちは調和的な関係性を築いてきました。

二〇〇八年に、アメリカでは「アイムソーリー法」という法律が一つの州で生まれ、またたく間に、三十五州（二〇一三年の段階）で取り入れられ、新しい発想の法律として注目されています。これは、「アイム・ソーリー」と言った程度の謝罪の言葉なら罪を認めた証拠にしない、という法律で、人に迷惑をかけても互いに謝らないことからくる人間関係の亀裂がアメリカ社会ではあまりに多く、それによって訴訟に発展し、訴訟ばかりが氾濫する社会になってしまったため、それを少しでも是正しようとして生まれた法律です。

アメリカでは銃による殺人事件が年間一万件を超す年が珍しくなく、年間十件程度の日本と比べ大きな差ですが、これは銃所持に関する法律の違いもありますが、その法律の成立も含め、より強固な壁によって自己を守ろうとする同じ性質が関係しているように思われてなりません。

『魏志倭人伝』の時代から「諍訟少なし」とあるように、まず相手の気持ちを察することから入る日本人は、どちらが悪いのか不明であっても、まずは謝ることからスタートしようと考えます。そんな日本人から見たら、悪ければ謝るのは当たり前のことですから、それを法律で決めること自体、不自然に感じられますが、アメリカ人にとって、これは時代や文化の流れを変えるほどの発想の転換です。アイムソーリー法が取り入れられた州の弁護士への調査では、謝罪によって多くの紛争は訴訟以前に解決でき得ると大半の人が回答しており、価値観の転換が起こりつつあるのを感じます。

社会にとって、法律というものは、いわば社会という家を維持存続させる建築材料であり、様々な規定を枠付けすることによって社会を維持させようとします。すなわちそれは壁に相当する建築材料であり、社会が不安定になるほど、欧米社会は壁を増やすことによって倒壊を防ごうとしてきました。これに対し、日本社会は、不安定さに直面する度に、自立力を高めることによって倒壊を防いできました。これまで西洋建築的発想のみで進んできた現代社会は今、壁のみでは防ぎきれない揺れに直面し、それ以外の新たな方式を必要としているように思われます。

型が軸を育む

日本人の個性を追求してゆくと、多様な個性が、中心軸的世界観という、一点から生じていることが見えてきます。日本の伝統民家は、その世界観が具現化されたものであると同時に、それを維持してきた存在であるとも言えそうです。

田園風景の中にある伝統民家を見ると、それが自然の風景と見事に溶け合っていると感じられることが少なくありません。現代の住宅が自然の中にあると自然の美しさを損なってしまうのに対し、伝統民家がむしろそれを引き立てるのは、伝統民家の造りの中に、自然界と似た私たちの心を癒やす何かがあるからではないでしょうか。

伝統民家を観察すると、単に自然素材であるからだけではなく、その造りにこそ、自然の景観を引き立てるような力があることが見えてきます。田園風景に溶け込む日本の農家は、中心がどっしりと感じられる造りのものが多いものです。中心が感じられる建造物は、その中にはいると、私たちの心は、ちょうど体軸をとらえて座った時のように静まりやすいものです。神社やお寺の多くが中心を感じさせる造りであるのは、長い歴史の集積によるものでありましょう。日本の古い宗教建造物は、どこが中心なのかが明確な造りのものが多いものですが、日本だけでなく、世界的に宗教建造物は、空間的体軸がどこなのかが明確なものが多いものです。

現代住宅の多くは、複雑な形の屋根や、全体が偏った形のもの、勾配が浅いものが多く、中心が感じられませんが、中心が感じられやすい建物は、後で詳しくお話ししますが、屋根の角度（勾配）に原因があるのです。傾斜角度がある角度に近くないと、軸をとらえた存在感が生まれないのですが、日本伝統民家は、その角度をとらえているのです。

軸が整えば、全体が整う。日本人は、この世界観を、魂の住まいである身体にもあてはめて人間というものをとらえてきました。禅でも「調身、調息、調心」といって、心よりも呼吸よりも、最初に身を調和させることを重んじます。曹洞宗の住職である、枡野俊明さんは次のように言っています。

確固たる存在感のある人がいます。その存在感を支える基盤になっているのは、自信と誇りではないでしょうか。では、自信と誇りを持つためにはどうしたらいいのか。それを解き明かすもっとも有効な手段は、〝現物〟をじっくり観察してみることです。

自信と誇りを感じさせる人は、姿勢がピシッとしています。逆に「自信なげ」という言葉からはどんな様子が連想されますか？　背中が丸まり、前かがみになり、肩を落とした、いわゆるうなだれた姿勢でしょう。
「自信」と「姿勢」は不可分。自信があるか、ないかは、はっきり姿勢にあらわれるのです。背筋が伸び、胸を張った姿勢になると、自然に呼吸も深くなり、態度にもどっしりした安定感が生まれます。

（枡野俊明『禅が教えてくれる美しい時間をつくる「所作」の智慧』幻冬舎）

体の軸がしっかりと育まれることは、中心軸をしっかりととらえて立つ家を建てることと同じです。軸さえしっかりとしていれば、必要な一つ一つのあり方は、教えられなくても自ずと悟れる。過ぎたる教えは自ら立つ力を失わせるという見方が、日本人が重んじてきた人の育み方であると思います。型の文化の本質には、この考え方が流れています。

日本人と正座

柱によって支えられる日本の伝統民家の空間は、背筋をシャンとした人間の雰囲気に似たものが感じられます。体の中心に軸がしっかりと通った日本人の正座姿は、中柱を骨子とする伝統民家の姿とよく調和し、軸を正し、来訪者に頭を向けて迎え入れる座礼も、和の空間に似つかわしい姿であるのは、日本伝統建築の空間が日本人の体の原理と一致しているからかもしれません。

正座は、諸外国の家空間には似合わない。というよりも、まず、土足の床では正座をしようにもできません。ですから、正座は日本独自の文化と言われます。しかし、これはある意味で正しく、ある意味で正しくはありません。

と言うのは、小さな子供はどこの国の子であろうと、誰に教えられなくてもちょこんと正座で座るものだからです。それも、とてもきれいな姿勢で座ることが少なくありません。つまり、この座り方は本来、文化ではなく、人間の本能的行為なのです。

私も自分の子供がまだ言葉を十分にしゃべれない頃から、誰も教えてはいないのに絵に描いたようにきれいに正座で座るのを見て何度も感心させられました。子供は正座の先生なのです。もちろん、正座のできない西洋人の子供でも、小さな時期にはこの座り方できれいに座るのを見ることができます。大人が誰もしていないのに子供が行うということは、本能であるからであり、私たちの体のごく自然な動きである証拠です。ところが、大人になると、大半の民族は生活習慣によってこの座り方を忘れていきます。イスで生活する西洋では当然、正座の機会はなくなり、そうして生活するうちに、正座で座ることができなくなってしまうのです。日本人がこの原初的座法を忘れないのは、畳の文化があるからなのです。

つまり、正座は、日本人があみだしたというわけではなく、日本人はこの座り方を大人になっても忘れない文化を持っているのです。ですから、正座というものが、どこの国で発祥したのかと特定するような考え方はナンセンスです。正座が生まれた時期を特定することも当然ナンセンスなことと言わざるをえません。本能的なこの座り方は、かつてはどこの民族が行っていたとしてもおかしくはないのです。

実際、古代には様々な民族がこの座り方を、とくに神聖な場面で行っていました。紀元前のエジプトの壁画にも、正座姿の女神が彫られています。ですので、正座をとりたてて日本特有の文化と誇示することは、狭い視野と言わざるをえません。

とは言え、軸と心が自然に正されるこの座り方を世界で一番行ってきたのは、やはり日本人であることは間違いなく、この座り方を心を育むために最も応用してきたのも日本人であることは否定できません。そのような意味では正座はたしかに日本文化の象徴と言えましょう。

古代の日本では、正座は神さまに向かう時や心を正すべき時に用いられ、それ以外の時はあぐらなど、様々なくつろぎやすい座り方をするのが一般的でした。尊い存在に向かう時、そこに向かうにふさわしいよう、体を正すのは、体はそのまま心であるという認識であるからです。

小さな子供の時に民族を問わず無意識に行うこの座り方を大人が行う時、人は幼児期のようなまっすぐな素の心に帰りやすいのではないかという気がしてなりません。軸を正して座ったら気持ちのよい白紙のような心になりやすいことを知っているから、日本人はそうしてきたのかもしれません。

座礼する埴輪（群馬県立歴史博物館）

日本の畳の起源は、縄文時代にまで遡る歴史があります（詳細は後でふれます）。この畳があったので、私たちの祖先は、歴史的にも子供時代の座り方を忘れることなく維持してきたものと思われます。古代の埴輪《はにわ》の中にも、今の日本人とほとんど同じように美しく正座し、座礼をしているものがあります。それが高貴な人物に向かって行っていることから、それが当時の高貴な存在に対する習慣であったこともわかります。一般に文化として特定行為が定着するには相当な年月が必要ですので、正座というものが心を正すべき場面での座法として認識されたのはこれよりも古い時代であろうと思われます。

また、『魏志倭人伝』にも当時の人々が行っている座礼の丁重さへの驚きが中国の人々によって記されています。日本の礼は中国から伝わったものと思っている方が多いのですが、日本には少なくとも中国文化が伝来する以前から、中国の礼文化とは根本的に異なる座礼文化が存在していたのです。

小さな子を観察すると、ちょこんと正座で座って何かをしてはまた違う姿勢で遊び、またちょこんと座るということを繰り返します。子供は修行のように正座で座り続けることはしません。膝が痛くてもそれに耐えて長時間正座をし続けなければならないというような苦行的な正座観は、本来、日本にはありませんでした。たとえばヒンズー教には古くから苦行という観点があり、仏教その他の多くの宗教に影響を与えてきましたが、そこでは長い間、座り続けることがしばしば修行として課せられました。後世の日本人の正座観は、こうした外来の思想の影響を受けたものと言えましょう。

古代から日本には正座の座り方があったことは確かですが、長時間正座で座り続けるような習慣はなく、正座が正しい座り方だという認識もなく、日常生活では様々な座り方が

座礼

ありました。この座法が正座と呼ばれるようになったのは、明治の時代にこの名称が広められたからです。昔はたとえば性器を表す言葉が全国まちまちであったように、明治以前までは、この座り方は各地方で独自の呼称で呼ばれていました。各地の正座を意味する愛称を調べると、「おかっこ」「おつんべこ」「おっちゃんこ」などのように、この座り方は、むしろ子供のかわいらしい座り方を連想させるものとして愛されていたことが感じられます。また、こうした歴史があるため、正座は比較的近年に生まれた座り方でしかないという誤解も、一方では生じています。

わの国と呼ばれていた時代から、つつましく座り、尊い存在に向かおうとする文化が日本には存在しましたが、このあり方は、苦行によって特別な存在を達成しようとするような大陸的宗教観などとはある意味で対照的なものだったのです。

男性は遠くの物に目が向きやすく、女性は近くの物に目が向きやすいと言われます。今日の宗教の中には、悟りの第何段階に到達したなどというように、何か一般人の目からは遠い、特別な存在を目指したがるような傾向も見られるように思われますが、みんなで一つのものを大切に包む私たちの祖先の心は、ただただその場でつつましく清らかにあろうとする女性的なあり方であったように思われます。

『つつましい』という、この日本独特の言葉は、実に意味深い言葉です。日本人の伝統的性質をひと言で言い表してくださいと言ったら、『つつましい』という言葉を連想する人が多いのではないでしょうか。『つつましい』という言葉は、『悩む』が『悩ましい』となって悩める状態を表すように、『つつむ』が『つつましい』となって包んでいる状態を表すことからきています。遠いところに目が向くのではなく、内側に大切に向かう、この心のあり方こそが中心なるものをみんなで包むことで尊ぶ縄文以来（縄文以前かもしれません）の型文化に育まれた私たち日本人の日本人らしい心の根源である気がします。

『ふるまい』『いずまい』『たたずまい』

「日本人の礼節」がよく海外の人から賞賛されますが、礼節という言葉は漢語ですので、歴史的には外来の言葉です。礼節文化の国と言われながら、それに相当する言葉が存在しないのは、私たちの祖先にとって、それが現代の礼節とは異なる観点のものであったことを暗示しています。

日本には、この独特の礼節文化につながる古い時代から大切にされてきた言葉があります。それは、日本人の心の形成に重要な役割を果たしてきた『ふるまい（振る舞い）』という言葉です。

『ふるまい』は行動を示す言葉ですが、単なる行動とは違います。「立つ」というのは行動ですが、どんなふうに立ち、それによってどんな空気がもたらされたかを問題にするのが『ふるまい』という言葉です。

世界の国々の大半では、どんな言動をとったかで人が判断されるのが常識です。そうでなければ、客観的に人を評価することはできないと考えるからです。これに対し、日本人は、行動以前に醸し出される『何か』を共通に見分ける目をもつことで、行動そのものよりも微妙な次元が問題にされてきたように思われます。
なぜそのような傾向が生まれたのでしょうか。
実は、その謎を解く鍵も、この『ふるまい』という言葉に秘められているのです。

『振る舞い』という言葉は、『振る』という言葉から生まれています。たとえば古代の和歌には、若い男女がわかれる時に、互いがよりよいつながりを保つために手を振る場面などが詠《よ》まれています。このように、『振る』という行為は、私たちの祖先にとって、目に見えない空間の力を発現させる行為だったのです。空間を揺るがす振るという行為によって、空間には霊性がもたらされるという考え方で、私たちの祖先は人間の体の所作というものをとらえていました。今日でも人を見送る時に手を振るのはその名残りと言われています。

神社で神主さんがお祓いをする時に、幣《ぬさ》を振るのを見たことがあると思います。日本人であれば、幣を振る一瞬一瞬に、空間が清められるような感覚を覚えることと思います。空間を清め、いきづかせるこのような行為を、ごく日常的に誰もが行っていた時代が古代であると連想すると、古代のイメージに近づくと思います。私たちの祖先にとって、人間の動作というものは、単なる物理的事象ではなかったのです。動作が霊性であり、幸不幸を左右する力である世界では、当然、日常の振る舞いは、マナーとしてではなく、霊的な意味で重視されます。そのような社会で評価されるのは、よき霊性をもたらす人、すなわち、その人が動くとその場が清まるような人です。日本人にとって本当に大切だったのは、見かけ上の礼儀の美しさよりも、それが空間を清らかにできるものであるかどうかであったと言えましょう。

私たちの国には、この振る舞いという言葉よりもさらに微妙な言葉があります。動作にさえ表さない段階で人の真価を問う、『たたずまい』や『いずまい』といった言葉です。『たたずまい』、すなわち、ただ立っているだけのそのあり方で、日本人は、その人の人となりを判断しました。その場にいるだけでよき霊性を発する人、それが霊性文化に生きた古代の人々から受け継がれた人間観だったのではないでしょうか。

江戸末期や明治初期においても、日本人の『ふるまい』を初めて見た欧米人は、それをどう表現したらよいかさえわからずに、文章表現に困苦していたことが、様々な手記からうかがえます。

「この独特で、比類するものなく、スポイルされず、驚異的で魅惑的で、気立てのよ

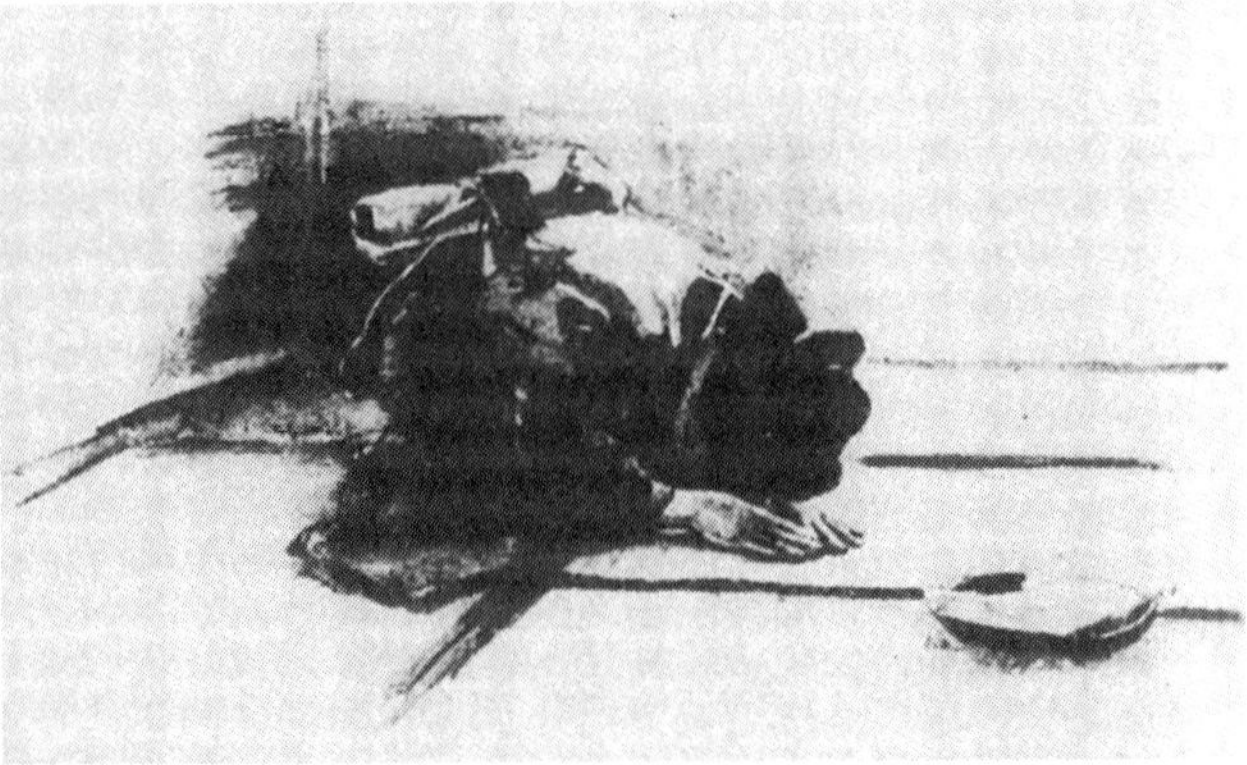

エドウィン・アーノルドの描いた明治の日本女性の洗練された立ち居振る舞い

い日本を描写しようとつとめながら、私はどんなにそれが描写しがたいか実感している」（随筆家・東洋学者、エドウィン・アーノルド）

「日本人の中で長年暮らした外国人は、美の基準が気づかぬうちに変ってしまい、小さくて穏やかで控え目で優美な日本女性の中に置くと、自分の同胞の女性が優美さに欠け、荒々しく攻撃的で不様に見えるようになる」（教育者、アリス・ベーコン）

（渡辺京二『逝きし世の面影』平凡社ライブラリー）

見かけの美しさや行動ではなく、その人がどんな人としての香りを発しているのかを重視する社会の中では、繊細な感性が要求されます。そうした中から必然的に生まれてきた文化が、その繊細な感性を培い、その香りを発する人となるための文化でありました。

礼節は、西洋では社会生活に必要なマナーです。しかし、日本人にとってのそれは、本来、それ以上のものでありました。行動に表す以前のその人の存在から発せられる香りがその場に適する良い香りでなければ、どんなに笑顔でマナー上良い態度であったとしても、私たちはその人を良しと見なすことをしません。日本人にとって大切なのは、表面上の形や動作ではなく、それによって生まれるその人の周囲に漂う空気がどういうものかということでした。表れた動作上の概念である礼節に相当する言葉はなく、『たたずまい』や『いずまい』といった言葉が重視されてきたのは、その傾向の顕著さを物語っていると言えましょう。

『いずまいを正す』というと、心も一緒にシャキッと正される気持ちになるものです。そうした心身となれば、人間は自らを正していけるものという、「心身一如」の日本人の子育てでは、言葉で価値観を植え込もうとする現代的教育とは大きく違っていました。『たたずまい』『いずまい』のみで、その人の心の乱れを見分ける目がなければ、このような育て方は成り立ちません。とくに女性は家庭の中で、いずまいを問われることが多いもので、女性から女性へと、このあり方は継承されてきました。これは、家という子宮の中に霊性を宿す役割を太古から担い続けたその記憶がそうさせてきたのかもしれません。

凛《りん》としたしなやかな軸が磨かれていなければ、乱れのない『ふるまい』『たたずまい』『いずまい』はできないものです。ですから私たちの祖先は、体の中にも中柱が形成されるような体づかいを、日々の生活の中で重んじてきました。畳の上でのよき振る舞いとしての日常動作は、現代人には真似できないほどしっかりした軸力を必要としたものでありました。

日本人らしさの原点——日本最古の無形文化

アニミズムは、人類が最も初期の段階でもっていたとされる精神性ですが、このアニミズムに個性というものがあったとしたら、それは、「三つ子の魂百までも」と言われるように、後々の日本人としての個性に結びつくことになりはしないでしょうか。

古代日本のアニミズムを探ってゆくと、後の日本人の個性に結び付く性質が多数見つかります。その中でも最も顕著なものが、円形集落を作って生活していたことと、所作重視のアニミズムであったことです。円形集落社会におけるアニミズムについては後述し、ここでは所作重視のアニミズムの成立要因にふれておきたいと思います。

これに関して、一つの興味深い記述が日本について書かれた最古の書に見つかります。

私たちの祖先は、彼らの祖先をみんなで囲む生活を送っていましたので、当然祖先祀りや葬式は最重要行為であったはずです。この、私たちの祖先にとって中心となっていた宗教的行為の中に、どのように所作とアニミズムが結び付いていたかを知る手がかりが見つかります。

『魏志倭人伝』には、倭（わ）の国の人々が葬式で舞を舞うことが書かれています。言うまでもなく、人が亡くなった時に踊ったりしたら、現代では不謹慎に思われますが、その時代の他国の人にとっても同じく不謹慎であるからこそ取り立てて書かれているのだと思います。しかし、太古の日本人にとってそうでなかったのは、舞というものがアニミズムそのものであったからです。

現代には様々な文化がありますが、そのほとんどは、太古まで遡ることはできません。しかし、舞踊はどんなに遡っても姿を消すことのない人類最古の芸術行為です。先にふれたように『振る』という行為が霊力を振るい起こすアニミズム行為であった私たちの祖先にとっては、とりわけこの舞というものが、『振り』を結集させ、空間に働きかける、アニミズムの中のアニミズムであったことは、他の物証などからも明らかです。今日でも地方には、人生の様々な節目に舞手を呼んで舞ってもらうような習慣が残っていますが、葬式では、おそらくは、亡くなった方の魂に感謝し、平安な世界に導くために舞われたのでしょう。

日本で最古の人物画は、三内丸山遺跡（青森県）で発見された縄文土器に描かれたものですが、この人物画は、舞を舞う人物の絵です。日本最古の人物画が舞を舞う姿で描かれているこの事実も、舞というものが太古の社会の中で極めて重要な意味をもっていたであろうことを物語っています。言うまでもなく、土器に描かれる絵は、他の絵の場合でも宗教的な意味をもっていますので、この人物の舞が宗教的意味をもつことは、ほぼ間違いないでしょう。

ただ、この人物をシャーマンという特別者と捉える人もいます。しかし、これは西洋シャーマニズムの先入観であると私は思っています。シャーマンが社会の権威者として君臨するという原始社会の一般的イメージを、円形集落社会であった私たちの祖先にそのまま当てはめるのは、無理があると私は思っています。

実際に、日本の考古学的年代の遺跡からは、他の国で見つかるような権威的シャーマンの実在を決定付ける証拠は見つかっていません。『魏志倭人伝』でも、特別な者が舞うのではなく、皆が舞う様子を記述しています。土器の絵は、土器に舞の霊力を注入するためでしょうから、現代人が風景を描く視点とは異なっているはずです。一人が描かれたものでも、それは一人を意味しているとは限りません。たとえば縄文の人々にとって神であったカエルはたくさんいましたが、土器には一つだけ描かれるのが一般的です。これと同じではないでしょうか。様々な神としての動物が描かれる土器というものに例外的に描き込まれた人間の絵が、踊る人の絵であるというその事実が確実に意味するところは、彼らにとって、「舞う」という行為がこの上なく霊的な意味を持っていたということではないでしょうか。この事実と、振る舞い重視の私たちの祖先のあり方は、密接に結び付いていると考えられるのです。

実は、この縄文土器に描かれた人物の舞は、今日まで存続している日本のある舞踊文化につながっていたとしてもおかしくはありません。と言うのは、環状の集落に人々が生活し、その中央に祖先神が鎮まるという、縄文集落構造とそっくりな舞文化が、今なお日本には生き続けているからです。

その文化とは、あまりにも身近すぎてピンとこないかもしれませんが、盆踊りなのです。現代に一般的に知られる盆踊りは、近年に振り付けられたものであり、中央にはやぐらが置かれることがほとんどになりましたが、昔は盆踊りの中央には集落の祖先をお祀りする

現代の盆踊り

ものが置かれたりしていました。もっと前の時代では、実際にその場所が魂が宿る場所であったと考えられるのです。

東北地方には今も人が亡くなると集落の決まった場所に死者を運び、そこで儀式を行ってから今日の様式の葬式が行われている地域があります。注目すべきは、この死者をいったん運び込む共通の場所で盆踊りが舞われることです。本来の形に非常に近い風習でしょう。そこで盆踊りが舞われるということは、盆踊りの本来は祖先祀りに不可欠な行為であったことを意味しています。

輪の形に人々が踊り、中央に祖先霊という、この中心をとりまく円構図は、縄文集落の構図とそっくりです。踊りは無形文化です。無形文化は形に残りませんが、それが広く定着し、形あるものとして残る何かが造られたりするようになった時、初めてその証拠が形あるものとして後世に残ります。ですから、文化というものは、基本的には無形文化が先行し、有形文化はそれに誘発されて生ずるものです。縄文の集落構造も、無形文化に誘発されながら形成されていったと考えるのが妥当でしょう。と考えると、私たちの知る盆踊りは、振りこそは現代のものに替えられていますが、その形態としての起源は、円形集落の起源と同じかそれ以上に古かったとしても不思議ではありません。

このことをさらに傍証する文化が、私たちの国にはもう一つ伝承されています。それは、古代から伝わる巫女舞や神楽です。

古代の巫女舞は、中央にひもろぎがあることを前提に作られています。ひもろぎの周りを皆で回転しながら舞う、中心軸をとりまく円という形は、盆踊りと構図の上でも共通しています。天の御柱を巡るイザナギとイザナミの国生み神話もこれに通じます。私たちのはるかなる故郷の舞が民間に伝承され続けたものが盆踊りであるのに対し、儀式として神社を中心に受け継がれたものが巫女舞であると言えましょう。

くるくると回転する私たちの宇宙は、よく考えるとまさに舞いを舞う存在です。回転運動は中心に軸を形成させます。太陽系も惑星も、回転の中心には軸が形成されます。古代における神事の舞の目的も、中心に軸《ひもろぎ》を宿すことでした。

『舞』という言葉は動詞形の『まう』からきていますが、大和言葉のマ音は『まわる』『まく』『まるい』というように円形概念を表す音です。『まう』という言葉は元々『まわる』の意味があり、くるくると活動する概念から『舞う』の意味も生じたと考えられています。日本人にとって舞とは、その昔、皆で円を描いて回転する行為であったからでしょう。

アニミズム文化は、霊性（アニマ）を信じる以上に、それをいきいきと振るい立たせる実践主体の文化です。振るい立たせるためには振るい立たせる行為が必要です。軸なる神をいきいきと振るい立たせる、その霊性の発現にとって、なくてはならないものが、この『振り』の結集（＝舞）であったと考えられます。

先に、お茶を飲むのは本来、体の軸とは関係ないという話と同時に、踊りというものは深められると体の中にしっかりとした軸を必要とするという話をしました。『舞う』ことが最も重視される社会は、人々の中にしっかりとした体軸を形成させていったことが想像されます。ことに日本の古来の宗教舞踊文化には、霊的な意味で体の軸を重んじる伝統が

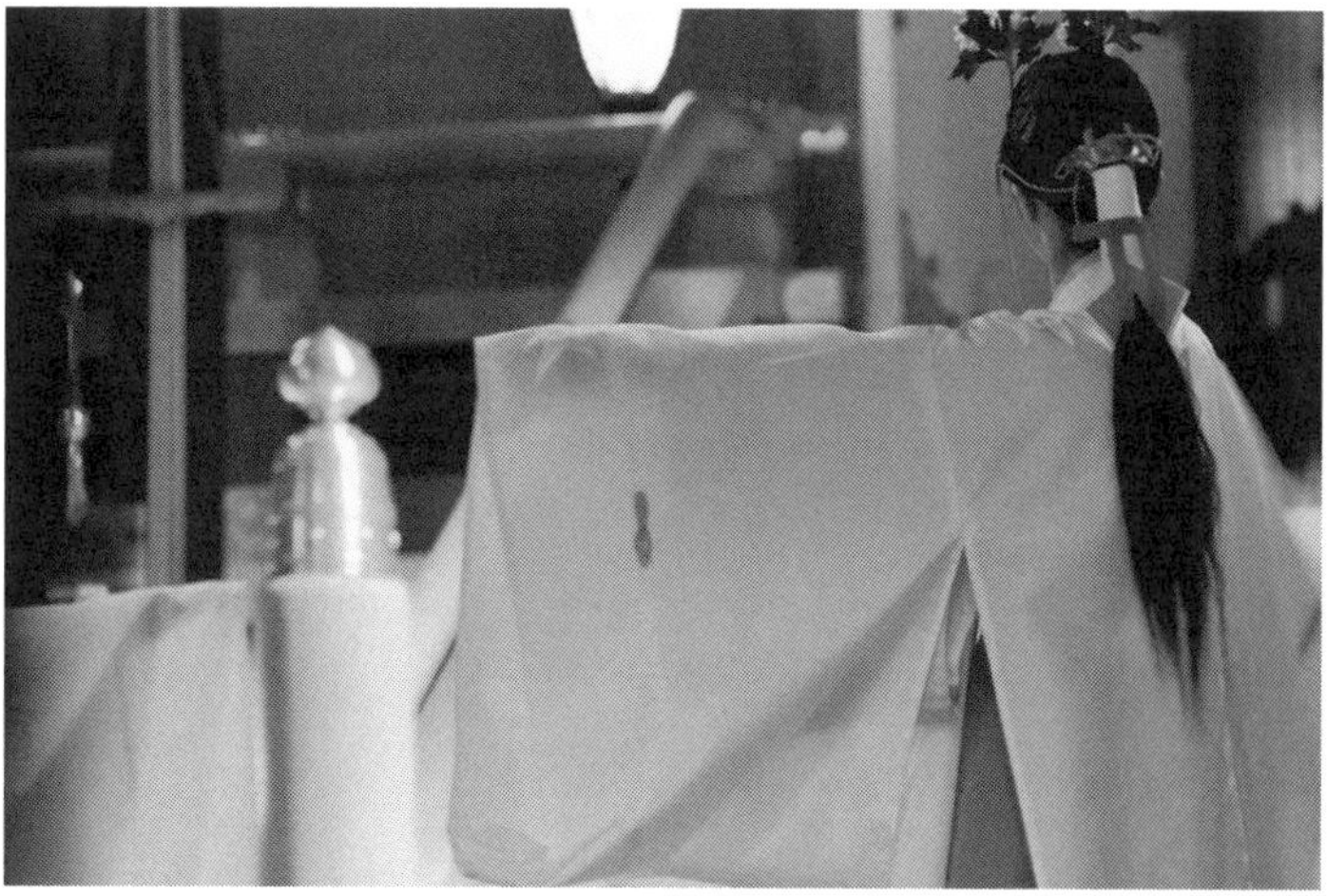
現代の巫女舞

あり、古代の舞は軸をすこぶる重んじた所作で成立していたことが推測できます。

すでにふれましたように大陸文化が伝来する以前の倭人伝（『隋書』倭国伝）には、私たちの祖先の様子が雅であると記されています。雅な印象を与えるには、心も体も、一定以上に洗練されていなければならないはずです。一つの性質が特定の人々だけでなく、民族の性質として定着するにはかなりの年月が必要です。それ以前の時代に雅さを培う文化がなかったとしたら、倭人伝の時代にそれが定着しているということは、考え難いことです。集落の霊性を奮い起こす私たちの祖先の舞は、人間一人一人の中の霊性（軸）を引き出し、『ふるまい』文化の原型を形作っていたのではないでしょうか。

舞は所作から成り立ちますので、宗教行為であるとすれば、そこから、所作そのものが宗教行為化してゆくことが考えられます。よき『ふるまい』にも、雅な所作にも、不可欠なのは、人間という存在における御柱（中心軸）がしっかりと形成された体です。その形成に重要な役割を果たしたものが、人々全員が行っていたであろう、この舞という行為であったと考えられるのです。

古代の人々の軸重視の人間観は、最初にお伝えした神さまを柱と認識する認識からも読み取れますが、縄文の土偶にも表れています。舞の文化を把握した人の目で縄文土偶を見ると、縄文土偶は共通して体軸を成立させた人体の特徴が象《かたど》られていることに気付きます。詳細は長くなりますので次回の本に譲りますが、その特徴は神聖なる気配が求められる儀式の上でも重要であったと考えられるのです。

このようにして成立した『ふるまい』文化は、後に生ずる型文化の基礎となっていったと思われます。

お茶は中国から渡ってきた飲み物ですが、このお茶を、柱が凜として立つ和の空間で味わう時、自ずと軸を正し、静まった心で味わいたくなるものです。私自身も凜としてお茶を味わうと、朝早くお日さまに向かうのに似た、けがれなき気配が立ちこめます。そして、一つ一つの所作も、清らかなものでありたいという気持ちが生じます。軸というものが、民族としての記憶を呼びさまします。同じお茶でも、単なる飲み物を味わう行為とは次元を異にする世界がここに生まれます。

諸々の日本の型文化に共通して軸重視の観点が存在するのは、この太古の伝統が後の日本人の中にも生き続け、それを新たな文化を通して実現しようとしてきたからではないでしょうか。

弓は武器ですが、所作重視の文化の中ではその弓さえも体軸を形成し、精神を培う文化となります。そうして、私たちの国では、諸々の文化の中枢に、太古からの精神は宿され、生き続けてきたように思われてなりません。

型でしか伝えられない心

時代は進んでも、たとえば新渡戸稲造は、次のように日本人の舞文化にふれています。

「舞踊（武士の娘の踊りであって、芸者のではない）は、その立ち居振る舞いを美しくするためにのみ教えられた。……けっして己の見栄や贅沢を助長させるためのものではなかった」

（前掲『武士道』）

現代的観点からは、体や体の表現を美しくすることは、見栄であるととらえられがちですが、振る舞いとは、そのような個人的観点のものではありませんでした。

年を取ると人間の美しさは失われるものと、現代の個人的視点では思いがちであり、だから化粧して美しく見せようとしたり、エステやヨガをして、少しでも若々しさを保とうとするのであると思います。しかし、観点が変わると、年齢に左右されず、むしろ年を取るほどに増してゆく美しさというものが、見えてきます。それが、『たたずまい』や『ふるまい』に代表されるような美しさなのではないでしょうか。私が見てきた、毎朝お日さまにひれふすように向かい合っていた祖母のその姿も、そうした美しさであったように思います。このような美しさを永遠性の美しさとするならば、この永遠性の美しさとは、何から来るものなのでしょうか。

たとえば、弓道家が弓を引いている時の、周囲を整えるかのような張りつめた気配は、祖母が昇りはじめたお日さまに一心に向かう、真冬の朝のような静寂さと似たものを感じます。的の中心を射止められるほどに統一したその姿は、目には静止して見えますが、その内には並々ならぬ躍動が満ちています。このような、深く統一された姿は、周囲の空間のけがれを祓うかのような力を伴うものです。

誤《あやま》たず中心に矢を射るためには、まず自身の心の中が統一され、体も内なる軸に統一されていなければなりません。私たちは、真摯に何かに向かおうとする時、いつのまにか体も整えようとします。座っていても立っていても無意識にまっすぐな姿勢、つまり、体の中に軸を成立させようとしているものです。日本の型文化は、この、何かに向かうことで自身の軸を築こうとする原理を共通に保持しているように思われます。書道家は和紙に、茶道家は茶器に、いわば弓を射るわけですが、目的物を作り上げることで本当は自身の内に軸を成立させているように思われます。

今日の世界には、その的となり得る対象が無数にあります。しかし、もし、何もない太古の時代に的を求めるとしたら、その最もふさわしい的とは、弓の的に似た、太陽系宇宙の中心、太陽ではないでしょうか。

私は祖母と毎朝お日さまに手を合わせながらも、自分には祖母のような迫るようなものがないことを、子供の頃や若い頃、自覚したことが何度もありました。同じように手を合わせてはいても、何かが違うことが子供心にもわかるのです。

この、一瞬にして空間を張りつめた集中状態にしてしまうということ、それをいつでも成し得るということが、若い私には人間技とは思えず、私の祖母への尊敬心は、この姿に直面するごとに形成されたように思います。古来の日本社会は、年配者ほど尊ばれる社会でした。それは、こうした姿によって成立した尊敬に違いないと私は思うのです。

祖母に対するそうした尊敬心を、私はさりげなく伝えたことがありました。その時に祖母は独り言のようにつぶやきました。

「昔のひたあ（人は）もっと偉かっけ（偉かった）」

祖母も、私が祖母に感じたのと同じように、人間とは思えないほどの何かを自分の祖父や祖母に感じて育ったのだと、その時、気付かされました。今の年になっても、祖母もまた人生の先輩たちの尊さに追いつこうとしていることを知り、祖先から子孫へと、形を通して伝承される文化の尊さを、目のあたりにした思いになりました。

キリスト教徒であろうと、イスラム教徒であろうと、真摯につつましく神さまに祈る姿は美しいものです。ところが、私たちが空想でアニミズム世界をイメージしようとすると、原始的な人々の姿を連想しがちです。お日さまに手を合わせるというアニミズムの姿に、私は、単なる祈りにはない、何か根源的な神々しさを感じて育ちました。

日本の型文化を極める時に漂うあの気配は、これと同じ次元から来ているように思われてなりません。型文化とは、日本古来のアニミズムの、極められたスタイルではないかと思うのです。

第四章　日本伝統民家の心

――太古を今に結ぶ家という宇宙

鴨居と敷居――心を育む要

前章では、「ふるまい」「いずまい」「たたずまい」が、日本文化の本質につながる言葉であることにふれましたが、住居のことを和語では、『すまい』といいます。

最も身近な存在である私たちの体が放つ空気を古代の人々は重視していましたが、体の次に身近な存在は『住まい』です。『住まい』が放つ空気というものも、古代の人々にとって重要であったに違いありません。

ここでは、集落に霊性が宿される太古の世界観を引き継いでいると思われる『すまい』なるものが、他に何を語っているかについて考えてみたいと思います。

古来の建築では、まず、神様とされてきた柱で家の骨格の全体を造ります。

大切なものから築いてゆくわけです。とすると、次に、造るものが何であるかも、意味がありそうです。

柱の次に造るのは、鴨居《かもい》と敷居です。柱は神であるという視点から考えると、柱の次に設定される存在にも、単なる物理的構造のためだけでない意味がありそうに思われます。

まず、鴨居という場所を私たちがどのように認識しているかを考えてみましょう。鴨居は、現代でも祖先の写真や賞状を置いたりするように、日常の次元より上の次元にある空間という認識が日本人にはあります。私も、ご先祖様はいつも鴨居から私たちを見ていると言われて育ちました。鴨居から上の空間には、私たち日本人にとって、手を合わせるべき何かが意識されているように思われます。

カモイの『鴨居』という文字は当て字であり、鴨居に鴨の意味があるわけではありません。当て字が用いられるということは、意味がわからないほど古い言葉であり、漢字が伝来する以前からの言葉であろうことを示します。

アイヌの人たちは神をカムイと言います。このカムイと日本語のカミは同じ言葉から生じた言葉と考えられていますが、上位空間を象徴するカモイは、このカムイの原音が変韻したものという説もあります。

この位置には何か重要な意味がありそうです。いったいどんな意味があるのでしょうか。畳の間は、座って生活することを前提に造られています。家に入り、部屋の真ん中あたりに正座したシーンを想像してみてください。そうすると、鴨居の上の空間は、伝統建築における十寸勾配の方向（水平を基準に上方に四十五度ほど）に位置していることがわかります。

目線よりも上に一つのフィールドを感じさせる鴨居という存在の設定は、なぜ必要だったのでしょうか。実は、この視角の設定は、出雲大社や伊勢神宮など、古代の神聖建造物にとっても極めて重要な箇所に見られ、この視角は、私たちの意識に対してある重要な働きがあるからであると考えられるのです（詳細は後述）。さらに注目すべきは、それ以前のアニミズムの時代においても、アニミズム的意識の形成にこの視角は重要な視角であったことです。

この視角の働きに偶然にも出合った芸術家がいます。縄文人がどんな感覚で生活していたかを実体験しようと、縄文住居で生活をした日本人芸術家の猪風来《いふうらい》さんは、次のようにその体験を語っています。

「縄文人の心を知るには彼らと同じ暮らしをしてみないと分かりません。北海道に移り住み、竪穴住居を造り、炉を囲む生活をしました。

零下20度の冬を越して春を迎えると、1メートル程掘った住居の炉端から見る地面は目線の上にあります。草や木や虫やキタキツネや生きとし生ける全てのものが頭上に存在します。そうするとそれら万物の生命全てが尊いという感覚がストンと腑に落ちるようになります。これが縄文人と同じ心であり、私は「縄文視座」と呼んでい

十寸勾配の縄文住居（『復元・竪穴住居写真集――地面が語る家』山本俊廣、ミヤオビパブリッシングより）

ます。これが私の開眼でした」
（「感性に響く縄文の旅」『トランヴェール』２０１３年５月号、ＪＲ東日本）

縄文時代の一万年に及ぶかもしれない長い間、私たちの祖先はこのようにして地表よりも低い住まいの中に暮らしてきました。空間との関係というものは、私たちが思っている以上に心というものの根本に影響を与えます。私たちの祖先は平安時代には多くの人が地表より上で暮らすようになりましたが、それでも竪穴式住居は多数存在していました。ですから、地表より高い位置に住まうようになってから、私たちはまだ千数百年しかたっていないのです。それまでの長い歴史を私たちの祖先は、いわば大地の中で暮らしていました。大地の上に暮らすようになったばかりの人たちの中には、竪穴式住居の生活で感じていたのと同じ感覚を無意識に求める心理が働いていたとしても不思議はありません。

縄文から次の時代へと移行したばかりの頃の建築物には、この視角の働きを効果的に用いたと思われる様式が見られます。たとえば伊勢神宮のように、古代日本の建築物の中には、外観だけで私たちを崇高な気持ちにさせてくれるものがあります。それらが、なぜ私たちに崇高な心をもたらすのかを、感じ取ってみてください。そこには、そうなるべき、私たちの心というものへの深い洞察に基づく造形がなされていることに気付かされます。

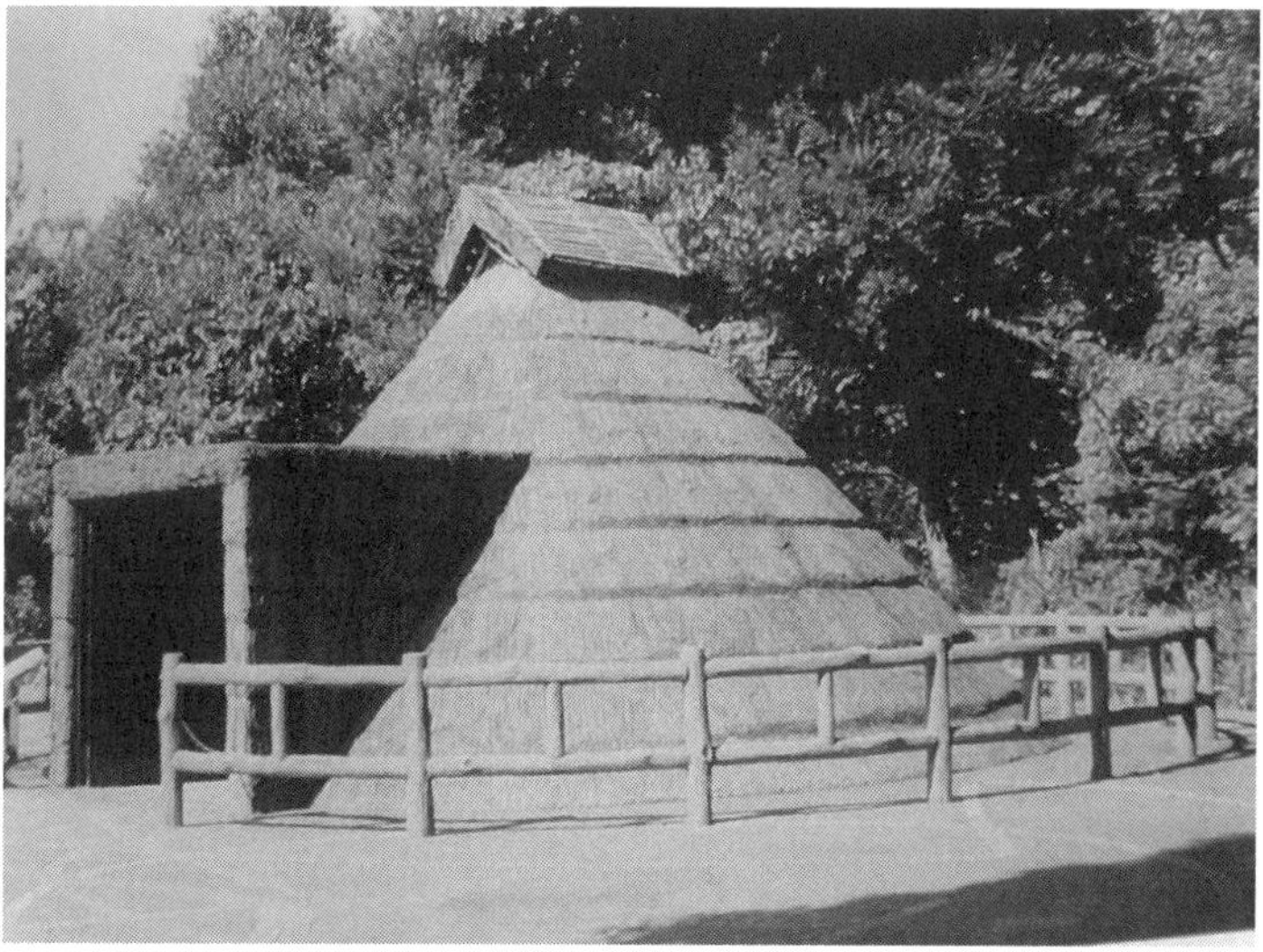

十寸勾配の縄文住居（『復元・竪穴住居写真集――地面が語る家』山本俊廣、ミヤオビパブリッシングより）

私たちを崇高な心へと引き込む日本の建築物をよく観察すると、その多くに共通の特徴があることがわかるのです。それが、現代住宅の屋根より大きな傾斜である十寸勾配の屋根なのです。

伊勢神宮の内宮正殿、出雲大社本殿、住吉大社本殿など、古代の高床式倉庫の様式を受け継いだと思われる古代様式の荘厳な神社は、いずれも見事にこの角度を示しています。申し合わせたように正確な十寸勾配で造られているのです。

十寸勾配というのは、水平方向に十寸行く間に垂直に十寸高くなる傾斜のことで、水平と垂直が同一のバランスとなる傾斜です。十寸勾配に近い屋根

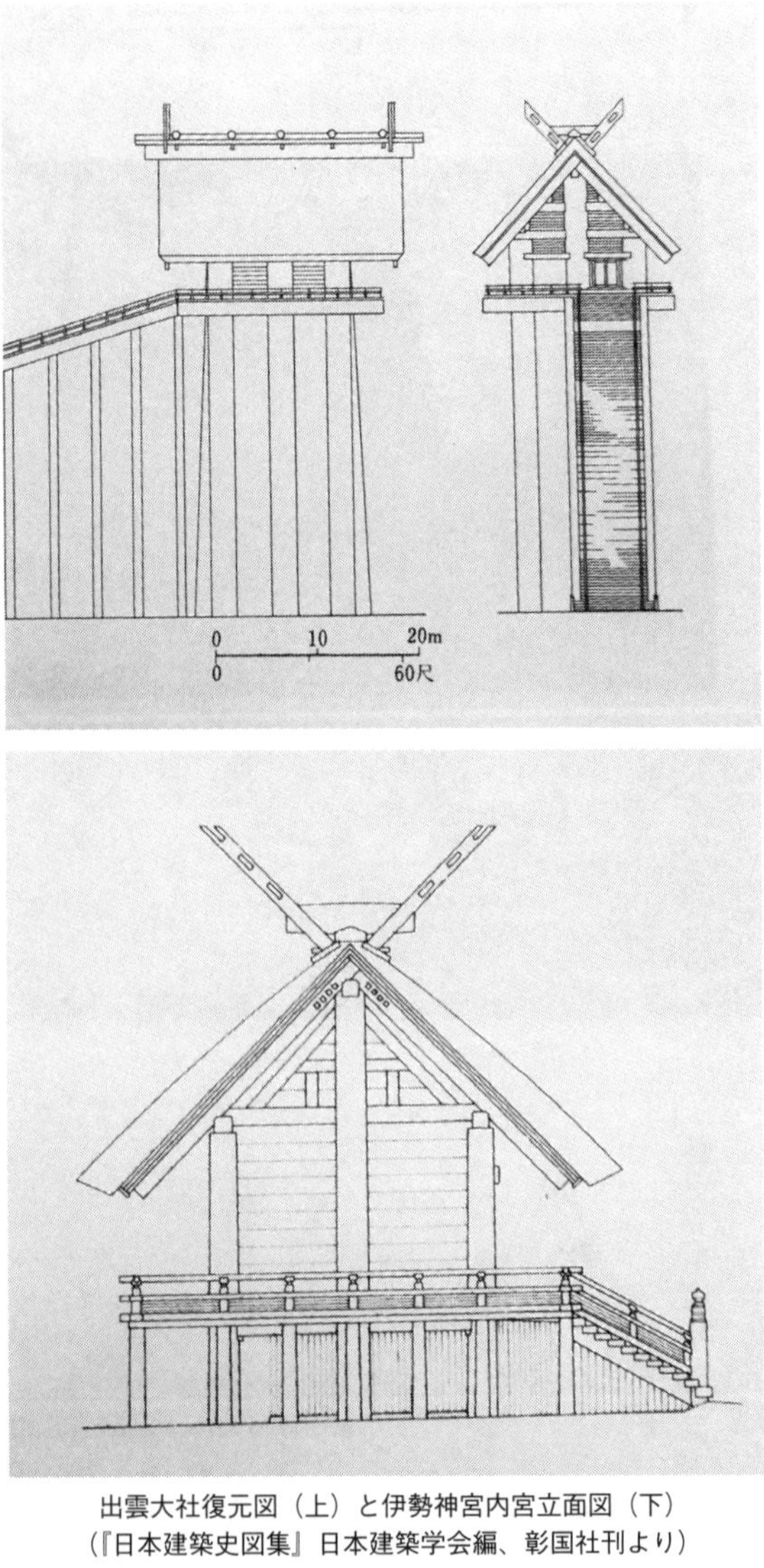

出雲大社復元図（上）と伊勢神宮内宮立面図（下）
（『日本建築史図集』日本建築学会編、彰国社刊より）

は、趣のあるヨーロッパの歴史的建造物にも見られますが、海外の建築であるにもかかわらず、やはり深い情緒や懐かしさを感じさせます。しかしながら、私が最も感心させられるのは、日本人の心を和ませてきた典型的な茅葺き屋根の伝統民家が、意図したように十寸勾配かそれに近い勾配であることです。写真（次頁参照）は鉄道模型のジオラマの古民家ですが、やはり十寸勾配で作られています。この傾斜で屋根を作る時、私たちは時を超えた懐かしさや癒やしを感じるのです。この模型の屋根を、現代の住宅のような浅い傾斜にして作ってみると、それだけで、なつかしさは感じられなくなります。明らかにこの傾斜角度に何かの秘密がありそうです。

この傾斜角度をもつ宗教建造物に接すると、私たちは、宗派を問わず大いなる何かに見守られているような意識になります。これはなぜなのでしょうか。

私たちは誰もが心が育つ大切な期間にお母さんに抱かれて育ちます。お母さんの愛情に包まれる中で、見上げれば、斜め上方に、やさしく見守るお母さんの目がありました。子供にとって、お母さんは神さまのような存在です。私たちが十寸勾配の空間的関係性に荘厳さを感じるのは、この小さな頃からの意識が眠っているからというのも、一つにはあるのではないでしょうか。

伝統民家の模型

これは人間だけの話ではありません。犬や猫も、鳥たちも、斜め上方からの親の視線に守られながら育ちます。生命としての歴史の中で、すでに基本的な意識にとっての空間的性質は形作られているのかもしれません。

なぜ私が建築上のこの傾斜角度に気付いたかというと、日本の無形文化を研究していたことと関係があります。無形文化の中では、この傾斜角度の重要性が古くから伝えられていることを知っていたからです。たとえば、古い時代の日本の宗教舞踊には、腕や体をこの角度にとる型がたくさんあり、ことに中央の軸（ひもろぎ）に向かって体や腕によって十寸勾配をとる型が多くあります。まさに集落を見守る母なる意識に向かうかのような形です。古代日本人にとって、舞とは世界観の伝承でもありました。私たちの体が、この方向に向かう時、体感覚も崇高になりやすく、私たちの祖先は、体を通して祖先の精神性や世界観を生きたままに伝えようとしてきたのであろうと思います。

軸を主体に世界を認識する縄文の人々にとって、円形集落は、平面円という認識ではなく、立体的円空間であったはずです。縄文の集落では、中央の広場に高い柱があるケースが少なくありませんが、これは円形空間の中心に天地をつなぐ軸を認識していたからであろうと思われます。住居は外円に造られましたので、竪穴式住居の中からこの軸を意識すると、その上方には、子宮である集落をすっぽりと包む集落空間の頂点が意識されてきます。子宮に包まれて暮らそうとした彼らにとって、この角度の先には、集落空間を見守る大切な母なる意識が意識されていたのではないかと、想像されてくるのです。

「縄文の集落構造も、無形文化に誘発されながら形成されていったと考えるのが妥当」と先に言いましたが、無形文化を参考にすると、有形文化のみでは解明できないことの糸口がみつかることが少なくないのです。


無形文化の中には、下方に向かう十寸勾配（下方四十五度）を取る形もよく出てきます。無形文化に下方への十寸勾配の型があるということは、住まいにもそれがあるのでしょうか。まずは古代の建築様式を見てみましょう。

実は、先ほどの古代の神社の屋根が上方に向かう十寸勾配であるのは、私たちから見て上方に向かう十寸勾配です。お母さんに抱かれた子供にとっての上方四十五度は、お母さん側から言えば下方四十五度です。ですから各神社にとって屋根は下方に向かう十寸勾配なのですが、それに対して上方に向かう十寸勾配の重要造形が神社には存在します。それは、『古事記』の中にも登場する「氷木」（本来の意味は日木と思われます）です。日の霊力を受けるものと思われるこの『ひ木』は、神社の屋根の両端に伸びた二本の板木で、上方に向かう十寸勾配に造形されています。この『ひ木』があるのとないのとでは、やはり建築の荘厳さは違ってきます。最古級の神社様式では、この上方と下方への十寸勾配、すなわち、上方四十五度と下方四十五度へのエネルギーの流れを感じさせる設定が為されていることに気付かされるのです。

では、本題の、日本の伝統民家の内部空間におけるこの角度に視点を向けましょう。私たちの住まいにおける十寸勾配の方向には鴨居の上の空間がありましたが、下方への十寸勾配の方向にもあるものがあります。それは、鴨居と対となる敷居、あるいは敷居の下の空間です。

日本人にとって敷居とは何だったのでしょうか。

日本では昔から、敷居を踏むことは神さまを踏むに等しく、繁栄を阻まれると教えられてきました。もちろん敷居が大切なのは、日本建築にとって敷居は構造上も柱に次ぐ要《かなめ》であり、敷居を踏むことはその要を傷ませることに通ずるからでもあります。しかし、日本建築にとって柱が構造上の中枢であるのと同時に霊的中枢でもあったのと同様、敷居もまた霊的な要でもあったのです。

日本にはその昔、人間は七歳になるまでは神さまのものと考えられ、七歳以下の子供が亡くなった時には、お墓ではなく家の敷居の下に収められる習慣がありました。敷居を踏んではいけないという発想は、敷居の下がこのような年少の魂を象徴するからでもあると言われています。

縄文時代の人々は、胞衣《えな》（胎盤など）を（一説では、亡くなった赤子も）竪穴住居の入り口に埋めていました。これは住居の入り口が子宮の入り口を象徴していたからですが、敷居は部屋への入り口であることを考慮すると、同一の認識が受け継がれていたと考えられるのです。日本建築の敷居の神聖観には、このはるかな時代からの子孫を思う心の伝統が引き継がれているのです。

赤ちゃんを常に自分と同じ高さに置いて、同じ目線でしか対応しないようにしたとします。ちょっと想像しただけでも、いとおしさを込めにくくなることがわかると思います。人間の心情が、空間的関係性といかに密接であるかがわかります。上方十寸勾配の方向に意識を向ける時、そこに何もなくても崇高な気持ちになりやすいのと同じように、下方十寸勾配への空間的関係性は、育む側としての慈しみの心を発現させやすい性質があります。赤ちゃんを抱くお母さんの視線は、自然に斜め下にきます。この角度に視線を送る時、自然に伏し目ぎみの慈眼（やさしい眼差し）になりますが、心も自ずと慈愛の心になりやすいのです。私たちが想像する以上に、私たちの心の深層は空間的関係性と密接に関連しているのです。

日本の伝統建築には、この心の深層を育む空間的関係性が配慮されていたことに気付かされます。人間が尊い心に育つためには、大きな愛に包まれることと、包むことの両方が必要です。私たちは、祖先や自然の力に育まれて成長し、子孫を育むことでまた成長します。この両方向の営みは、人間の魂が人間らしく幸せに豊かに育つために欠くことのできない条件と思われます。鴨居と敷居があることで、日本民家の柱は、しっかりと揺るぐことなく家を支えますが、このしくみは、私たちの心をも、揺るぐことなく育んできたのではないでしょうか。

住まいというものは、単に利便性がよければよいのでしょうか。心にとってどんな住居であるのか、私たちの祖先はそのことを第一に家というものに向かい合ってきたように思われます。

大きな屋根——家族を一つにさせる空間の統一

現代の住宅は、居住空間の合理性が優先されるため、屋根の形はデザインに合わせて後に決まりますが、崇高さを感じさせる典型的建築物は、まず屋根のデザインを優先しています。とくに宗教建造物は、天に近い屋根に宗教的意義をこめることが多いため、屋根の形を優先させる傾向があります。

また、その建物の内部にいて全体の統一性を感じられるかどうかという点で、屋根裏は重要な役を果たします。日本の伝統的農家の家は、そのような点で屋根裏の見える場所が効果的に配置されているものが多いように思われます。現代住宅に比べると、日本の伝統的農家は不必要なほど天井が高いように見えます。経済性を考えると無用な空間と思われがちですが、精神面への影響を考えると、低い天井は威圧感や圧迫感を与えますが、高い天井の広がりは私たちに気持ちのよい開放感を与えるものです。

重量挙げの金メダリストである三宅義信選手は、天井が低い会場では、普段の力が発揮できなくなると言っていますが、空間というものは、私たちが考える以上にその場にいる人に大きな影響を与えているものです。高くて大きな屋根の造りは、小さな屋根と比べて空間上の中心軸をどっしりと感じさせます。そして、中心軸が強く感じられるほど、建物には統一性も強く感じられるものです。

日本には毎年お正月やお盆に実家に帰る習慣がありますが、私の実家も、四家族が泊まっても余裕の広さで、みんなが集まると楽しいものでした。従兄弟たちは田舎の家に行きたい行きたいと何度も言っていたそうです。子供ですから、従兄弟たちはその理由を広く

日本民家の大きな屋根

て遊べるからと答えていましたが、今思うともっと微妙な、みんなで一体感のようなものが得られたからではないかと思います。毎年一緒に一つ屋根の下に寝泊まりしていると、親戚みんなが家族のように感じられてくるものです。このような一体感は、伝統民家の造りであるから実現されていたように思われます。

よく喧嘩していたある夫婦が、古民家が手に入り住み始めたのですが、その途端に喧嘩をしなくなり、そこに住んでから夫の反応が変わったと言っていました。私の知人には、知り合った後に古民家に移り住んだ人が何人もいるため、その前と後の変化がよくわかります。人相まで変わってゆく人が少なくないのです。伝統民家で育った経験のない人が伝統民家に住むことで変化していく姿を私はたくさん見て、いかに住居が人の心にとって重要かを考えさせられてきました。

各部屋の仕切りが家を支える原理から発展した西洋建築が、個々の利便性を重視するのに対し、日本民家は、全体性重視の家です。伝統民家は、たとえばふすまを閉めたとしても、欄間《らんま》（鴨居と天井の間の格子）などがあって、隣の部屋の気配を伝える配慮があえてなされていたりします。ですから、部屋にいたとしても仕切られた感覚にはならないようにできています。伝統民家は家全体を一個の命のように感じさせ、そのことが、私たちの無意識の人間観や世界観に大きな影響を与えているように思われます。

私の友人のおばあさんが、日本の子供が昔と比べて自分勝手になったのは、子供部屋を与えるようになった頃からであり、家が日本らしくなくなるとともに、日本人は日本人らしさをなくしたと言っていましたが、鋭い認識ではないでしょうか。プライバシーはあっていいと思いますが、同時に全体とのつながりを感じさせる家造りが、これからの時代には必要な気がします。人と人との絆が欠落した中で育つと、人間は人との関係がストレスとなり、ますます一人になりたがるものです。現代のプライバシー志向は、それ自体が現代という社会の産物であるようにも思われます。

近年、日本の古民家に癒やしを感じるという理由から古民家に住みたがる若者が増加し、日本人だけでなく、海外の人でさえ、移り住んでいる人が増えています。これは、日本建築が生む癒やしの空間が、日本人としての郷愁から来るものだけではなく、人類にとって普遍的な何かを含んでいるものであることを示しているように思われます。

土間――人と人を原点で結ぶ

日本の伝統民家にあって、現代住宅にはないものの代表は、土間です。

日本人にとって土間は、家の中でも最も長い歴史のある場所です。それだけに、日本人の心の一番深い層につながる場所とも言えそうです。縄文の時代には、家は全面が土間ですから、土間は、このはるかな時代を受け継いだ場所です。

正月の餅つきなどをするときは、大切な場所として土間をきれいに掃き清め、お清めの塩を撒くようなことが行われてきたのも、はるかな時代を尊ぶ心からでしょう。大黒柱は、この土間と居間とをはさむ場所に立てられます。そこには、祖先からの伝統を引き継ごうとした先人たちの心が読み取れます。

土間は外と同じ地面そのままの場所ですが、土間の存在は、人と人、家と家との関係にとって重要な役割を果たしてきたように思われます。家というものが外の世界と断絶しないという役割です。人が家に訪ねて来る場合、伝統民家では、土間まで入って用を済ませて帰るのと、座敷まで上がって帰るのとでは、だいぶ違います。土間のある家は、土間まではは実に気兼ねなしに入れるものです。それに対し、畳の座敷に上がるのは、結界の中に入るかのような意識があるものでした。

このあり方は、互いにごく親しく接しながらも相手を尊重する日本人の伝統的人間関係と似ているように思われます。土間に気兼ねなしに入れるのは、大地というものは、誰にも共有のものであるという認識があるからでしょう。地面という自然界そのままの場所によって誰でも家族のように結び付く、そんな役割をも土間は果たしていたことに気付きます。

今では考えられないことですが、私の子供の頃はお風呂のない家が多かったため、隣近所の家の人たちが私の家のお風呂に入りに来ていましたし、台風の時も他の家族が家に泊まりに来ていました。旅行に行って留守にした時でも、近所の人は自分の家同然に留守の家のお風呂に入っていました。こうした感覚は、土間のような気軽に立ち入れる場が家の中になければ生まれない気がします。縄文の人々が村全体で家族のように生活を営んでいた共同体のあり方に近いものを、土間という存在は維持させてきたように思います。家の中にありながら自然界の土台である大地と接する生活は、日本人のあり方の土台ともなっていたように思われます。

縄文の人々は土間にござのようなものを敷いて、様々な作業を行っていたことがわかっています。子供の頃、土間にむしろを敷いて家族の農作業などを手伝う時、永遠の営みのようなものを感じたことを思い出しますが、そのような感覚も、はるかな民族の歴史がそう感じさせるのかもしれません。

伝統民家では、部屋への移動も土間を歩いて移動し、お風呂にもお手洗いにも土間から移動するなど、土間は生活と密着していました。かつては、土間の上の梁には毎年つばめ

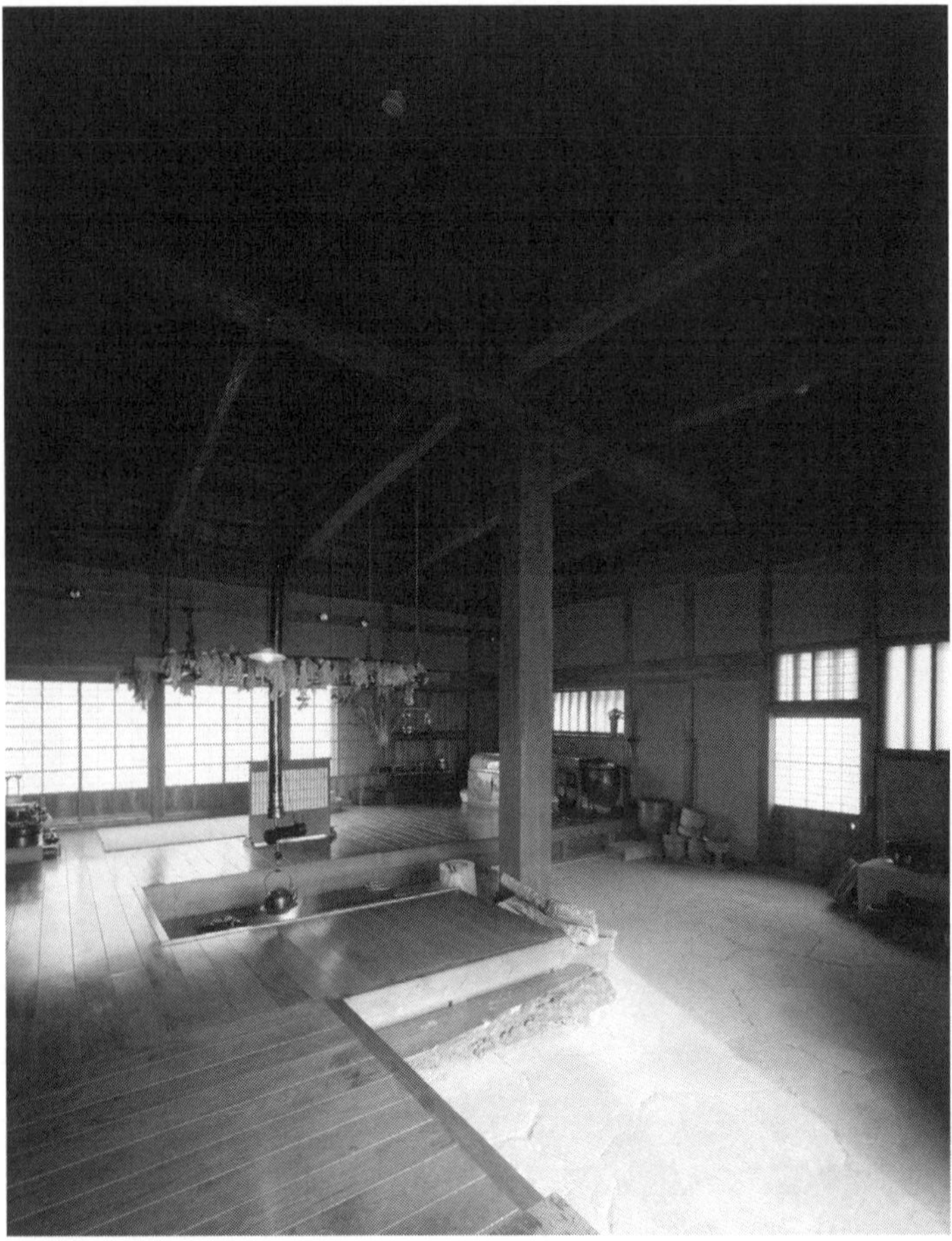

伝統民家にあった土間（© FUMIO TOMITA/SEBUN PHOTO/amanaimages）

が巣を作り、その期間は農作業で一日留守にするときも玄関はつばめのために開けたままといったあり方が、あたり前の光景でした。自然界と人間の世界を結ぶ共有の場が家屋の中にあることで、様々な意味で人間の心を自然界とつながりやすい心にしてくれていました。

大森貝塚を発掘したエドワード・モースも、次のように書いています。

燕が屋内で巣を作ることはきわめて一般的な事柄であるが、これは、日本人の優しさの在りようと、かれらが動物に対して表わす憐みの心を示す多くの実証的事柄の一面を物語っている。

燕が屋内に巣作りにかかると、早速その下に小さな棚がしつらえられる。したがって直下の畳が汚損されるということがない。燕が屋内に住みつくことは吉兆とされている。子供たちは、巣ができ上がってゆく様子や、雛が巣立ちまで育つのを見守るのが大変たのしいのである。わたくしが気づいたのは、屋内に作られる巣は、屋外のものに比べて作りがはるかに入念であることであった。

巣作りの多くの場合に見られる左右対称的な作りかたから推して、日本人に生来的な芸術的才能が燕にも乗り移ったのではと思わせるものがある。

（E・S・モース『日本人の住まい』斎藤正二、藤本周一訳、八坂書房）

私もつばめを家族の一員のように感じながら育ちましたので、モースの観察には驚かされます。巣の造形もたしかにそうで、同じことを感じていた記憶があります。もしも土間がなかったとしたら、つばめも民家の中に巣を造る文化を生み出せなかったかもしれません。そう思うと、やはり、日本人の自然愛の基底にあるものは、縄文から続く大地への畏敬であるように思われます。

地球には元々、大地しかありませんでした。大地の成分が小さな命へと変わり、植物が生まれ、動物が生まれました。命あるすべての存在は、大地が変化した姿です。母なる大地という言葉がありますが、大地という共通の母に抱かれている実感があると、私たちは互いに安心感の中にある気がします。反対に、共通の母を失うと、人間は、人と人との間にも壁を感じてしまう存在なのではないでしょうか。

近年は、家だけでなく、町の中も道という道はアスファルトで舗装され、大地との触れ合いがほとんど無に近くなっています。大地というものが私たちに直接与えてくれるかけがえのないものをも考慮に入れた文化が、これからの時代には必要なのではないかと思われます。

柱——歴史をつなげる軸

現代の日本の住居は二十年もすればガタがきてしまいますが、世界最古の木造建築である法隆寺が象徴するように、日本の伝統的建築物の寿命は長く、伝統民家も本来、日本人の平均寿命と同じように世界に誇れる長寿でした。しかし、悲しいことに、日本人の平均寿命は未だ世界のトップレベルを維持していますが、現代日本の木造住宅の平均寿命は文明国の中でもかなり短くおよそ三十年程度と、人間の寿命の半分にも及ばない長さになってしまいました。

日本の伝統民家は、大掃除の時にふすまや障子などを全部取り除くと、ほとんど柱だけの存在となります。家の仕切りよりも柱が主役なわけです。この構造には、家を命あるものとするのに欠くことのできない役割があります。柱が見える構造は、柱という神さまに日々接し、それを身近に感じ、いたわることに通じます。

家は柱さえしっかりとしていれば何百年も生き続けることができます。そのため、伝統民家は、柱が傷んだ時、すぐにその傷みがわかるようにできているのです。日本には、傷んだ柱を金具を用いずに部分修復できる世界に誇る伝統技術があります。柱の一部が腐ったりしても、ほとんど元通りに復元できるのです。それに対し、柱が壁の中に埋め込まれた住宅は、柱の傷みが見えず、修復も困難な使い捨ての発想です。これは、昔の日本人にとっては、神さまを使い捨てにするに等しいあり方とも言えるでしょう。

伝統民家の障子や戸や屋根は、新しいものに替えられてゆきますが、柱だけは最初から変わらずに家を支え続けます。私たちの祖先が神とした柱は、変わることのない中心なるものの象徴です。何世代もの祖先を見守った大黒柱は、祖先と私たちをつなげてくれる懸け橋です。大黒柱は、たとえ家を取り壊す時でも、昔の人たちは、それを臼《うす》にしたり、様々な形あるものに加工して家宝としたものです。大黒柱は祖先との絆であるからです。

日本の伝統民家は、何世代をも貫く生命力を持つことを前提に造られました。家が人間の命よりも長い生命力を持つ時、ただ単に長もちするという物理的利点以上のものが生じます。

私は子供の頃、家の前でむしろに座って日なたぼっこをする江戸時代生まれの曾々おじいさんの写真を見て、この出会ったことのないおじいさんもこの家のこの同じ空間に暮らし、この同じ柱を見て育ったのかという感慨のようなものが生じたのを覚えています。同じ家に育ったという共有体験がある時、祖先はぐっと身近に感じられるものです。

多くの祖先を知っている柱であるほど、そこには祖先のより多くの思いが刻まれていま す。しかし、人間より寿命が短い住宅からは、少し前の祖先でさえ実感として感じ取るこ とができなくなります。面識のない祖先を実感として感じ取る体験があると、祖先全体へ の感じ方も違ってきます。身近な祖先が知識でしかなくなってしまうと、民族としての祖 先も知識的に感じることしかできなくなるものではないでしょうか。そうすると、民族愛 も、人類愛も薄らぐ気がしてなりません。

昔の日本の子供たちが、教えられなくても子供の頃から神仏に手を合わせたのは、見え ざる祖先と共に暮らすことのできる伝統民家に育まれたところが大きい気がしてなりませ ん。世代を貫く柱たちは、人間の尊さ、存在の尊さを伝えてくれる響きをもっていたよう に思います。日本人にとって、はるかな歴史をたずさえた柱たちに支えられる伝統民家は、 祖先の大きな目に見守られる家でした。人間には苦しいことも悲しいことも起こるもので す。しかし、そうした苦しみ、悲しみを、深いところで見守り安心させてくれる不変性が、 伝統民家にはあったように思うのです。

こんなふうにして祖先の人々と実感で結ばれると、祖先が大切に思われてくるだけでな く、自身も祖先の一人として、子孫を尊く思い、大切にしようという気持ちにもなります。 何世代も前の人々につながる心があると、何世代も先の子孫のことまで想定した生き方をしようとするものです。そうして、大切な過去と未来の人々に結ばれた心であってこそ、現世の仲間をも大切にする心が無理なくわき起こるものではないでしょうか。

こうした人と人とが底辺で結ばれている実感のないままに人の中に押し込まれると、人間は、人というものが逆にストレスになります。小さな子は、誰かが家に訪れると、それが誰であってもはしゃぎます。人間は本来、人といることが幸せに感じられるようにできています。人につながる心の第一歩は家族から始まります。親や家族との関係が良好に育った子ほど、人との出会いを喜びに感じるものです。親は子にとって、一番目の祖先です。子供の親への信頼も、親自身が祖先にどれほど心が通じているかでその深みは決まるような気がします。過去と未来をつなぐ心がなければ、人間は今を豊かに生きることはできません。日本の伝統民家は、そうしたあり方に私たちを導く存在という前提の上に建てられてきた家であると言えましょう。

畳——けがれなき空間は足元から

家を命あるものとして大切にする日本人の心は、そんなことを考えたこともない現代の私たちの中にも生き続けています。

たとえば、畳で育っていない日本の若者に、畳の上を土足で歩くことができますかと聞くと、「いやー、無理、無理」などと、まるで神聖なものを侵す行為であるかのような言葉がほとんど返ってきます。もちろん、畳で育っている人にとってはこの感覚はなおさらです。

この感覚には単にそれがいけないからとか、汚れるからというだけでないものがありそうです。たとえばスリッパで畳の上を歩くことも日本人の感覚ではできません。どんなにきれいなスリッパであっても、何か侵してはならない領域を侵してしまう感覚があるものです。家によっては靴下でさえも畳の上では脱ぐという家もありますから、これは、畳を傷めるという理由だけでは説明できません。知らなければ何のためらいもなく畳の上を土足で歩いてしまう外国人にとっては、スリッパでさえも歩けない日本人のこの独特の感覚は、私たち自身にとっても不思議な感覚ですから、理解できなくて当然と言えましょう。

私たちに、この侵し難き感覚をもたらしているものは、いったい何なのでしょうか。

畳は日本独自の文化であり、類似のものは韓国や中国にもありません。それだけに、日本人の心は畳に深く定着しているのでしょう。畳は平安時代にはすでにあったことがわかっています。畳という言葉自体は、『古事記』にも記されています。畳は、ござのようなものから進歩したものであり、畳という言葉も、『たたむ』ことから生じた言葉です。ですから、ござのようなたためる敷物を『古事記』では畳と表現しています。平安時代は、先にもふれたように、竪穴式住居がまだまだ残っていた時代です。竪穴式住居と畳とが同時代に併存していたことを考えると、元々、竪穴式住居の中で現代の畳のように用いられていたものがあったと考えられます。

縄文土器の底にはこの敷物の跡が見られるものがありますから、そのような点からも住居の中でこの畳の前身が用いられていたと考えられます。現代でも日本人の大半が畳の部屋は落ち着くと感じますが、畳（イグサ）には実際にリラックス効果のある成分が含まれていることがわかっています。古代日本人にとって住居は子宮のような存在ですから、柔らかくやさしい感触の敷物は、室内を子宮のような世界にする工夫と理解したら、日本人が畳にこだわってきた気持ちが理解できる気がします。

祓い清めの文化である古代日本人にとって、子宮としての住居の中がけがれなき場所であるようにと配慮する心は、現代人の想像以上のものであったことでしょう。私たちが畳を神聖なるものと感じる感覚は、家が子宮であったはるかなる時代にまで遡る長い歴史に培われた感覚であると考えられるのです。

縄文土器という名称も、土器が植物を編んだもので文様を付けられていることからきた名称です。縄文土器に描かれた動物などは宗教的意味があったと考えられていますので、

畳の部屋（惺々舎ホームページより）

縄による文様も、宗教的意味があったであろうと考えられます。そう考えると、編み物自体が神聖な意味を持ち、畳も最初から神聖なものであった可能性が高いと思われます。

今日の文化においても、たとえば、茶道の作法は、畳であるがゆえに生じたものです。畳に宿るこの気の遠くなるような歴史の力が、後の私たちに身を正すことを教え、けがれなき振る舞い方を導き、様々な道をもたらしてくれました。柔道や合気道においても、畳であるがゆえに生まれる、単なるスポーツにはない礼儀作法や精神性が重んじられているように思われます。日本人の心が刻まれた畳は、私たちを日本人としての伝統的な心へと導き続けているのではないでしょうか。

畳が不思議なのは、私たちを安心させ、くつろがせる力と、シャキッと正す力の両方を持っていることです。たとえば、ベッドや柔らかい絨毯《じゅうたん》の上はくつろげはしますが、シャキッとした気持ちにはなりません。反対に、固いフローリングの上では、緊張感はありますが、くつろげません。ところが、深く癒やしを与える畳は、一方では、固い木や石材の床以上に心を正させる気持ちにもさせてくれます。この両面を同時にもたらす物は、世界を見渡してもまずないのではないでしょうか。

軸が正されるとともに深いリラクゼーションが生まれること、これは序章で述べたように、日本の型文化の極意とも言える人間のあり方です。畳には、私たちをそんな心身にいつの間にか導いてくれる力があるのです。

祖先の心が畳を生み、その畳が子孫を育む。そのようにして物を、心を育む大切な存在とすることで日本人は物に魂を与え、その魂の宿る物によって守られてきました。

私の家でも、土間で餅つきをする際、餅つきの度に土間を清め、清められた土間に藁《わら》を敷き、塩を撒いて場作りをしたその上に足を乗せ、お餅をついていました。神聖な足元でない所でお餅はつくものではないという心です。この神聖な藁に足をのせるのと同じ感覚が畳にはある気がします。

日本人にとって、足元は、けがれなき場作りの土台であるのかもしれません。日本人が、食卓は布巾《ふきん》、畳は雑巾と使い分ける独特の習慣があるのも、畳を拭いた布で食卓を拭くのは汚いと考えるからであると外国人は思うことと思いますが、日本人にとってはそれ以上に食卓を拭いた布で畳をふくことは、神聖なるものを冒すことと感じるからではないでしょうか。

伝統民家の喪失と日本人らしさの喪失

北九州市立大学の森田洋准教授は、小中学生三百二十三名を対象に畳の教室とそうでない教室とで簡単な算数の問題を解く実験を行いました。その結果は、畳の教室でテストを行った生徒の方が、正解率も繰り返し行った時の伸び率も高くなり、疲れ度合いの調査でも、畳の部屋の方が疲れにくいという結果が出ています。この実験は、畳の上に机とイスを置き、畳以外は同じ条件で行われたものです。正座には脳を活性化させる働きがあるので、畳に正座で行ったらもっと差が開いていたのではないかと思われます。

近年、幼児虐待の増加が問題になっていますが、日本における幼児虐待件数の増加時期と畳の需要が減少した時期は一致しています。とくに畳生産が顕著に減少した数年の間に、幼児虐待もはっきりと増加していることが統計から明らかです。日本では、ちょうど西暦二〇〇〇年頃から畳の生産量が激減したのですが、この時期から幼児虐待も急速に増え始め、そのわずか数年の間に、日本人の幼児虐待数は激増したのです。また日本における鬱《うつ》病患者の増大も、畳の減少時期と一致しています。この二〇〇〇年から十年の間に、日本の大工さんの数は四割も減少しています。

最近のテレビ番組でも、畳のない家に暮らしている夫婦は離婚率が高いことを明らかにしていました。日本の畳生産が減少したということは、和風の部屋が増えたということです。それは当然、和風の住宅が減少し、洋風の部屋が減少したということでもあります。

これらの統計は、畳の影響はもちろんですが、家の影響力をも物語っているのではないでしょうか。


過去に、日本の家文化が大きく変化したのは、一九六〇年代です。この時代に、ハウスメーカーが台頭し、それまでは各地で大工さんを中心にそれぞれの家ごとに設計され建てられていた家が、大量生産方式によって造られる流れが生じ、徐々に拡大していきました。高度経済成長の時代で、大量生産、大量消費がよしとされ、民家の寿命も急速に短くなってゆきました。経済こそが第一の考え方の中で、それまでの日本の伝統的文化や習慣が急速に姿を消し始めた時代です。

太古の時代からあらゆる物に魂が宿ると認識していた日本人が、物を使い捨てするようになっていった時代でもあります。ただ、この時代には、和風の家の中に洋風の部屋を一つだけ造るといったような間取りが、まだ好まれていました。そして次に来た大きな変化

日本伝統構法の家屋（惺々舎ホームページより）

が、二〇〇〇年頃の、畳の喪失に象徴される洋風住宅への完全移行です。すべてがフローリング（木質の床材）の家が急増したのです。一九六〇年代からの数十年の間にも、日本人の倫理性が問われるような社会傾向がありましたが、二〇〇〇年の時期にはさらに鬱病患者や幼児虐待、異常と思われる犯罪事件が、急増しています。

日本の児童虐待相談件数は一九九〇年に一一〇一件であったのが、年を追うごとに増加し、二〇一三年には六万六七〇一件と、日本の住宅が急速にフローリング化した二〇〇〇年をはさむこのわずかな期間に約六十倍に増加しています。

ちなみにイギリスの児童虐待件数（保護者による性的暴力などの虐待数）は十年ほど前の統計で日本の約十五倍ですが、この状態に、日本は住環境の西洋化と共に後追いしているかのようです。振り返ると、伝統民家が失われるタイミングと並行して、日本人は日本人らしさを失ってきたように思われるのです。

空間が主役の家

日本に初めてやってきた時の印象を綴った西洋人の手記を見ると、日本人の住居には家具らしい家具がほとんど何もないことに驚いている記述が多数あります。

日本人は、花や木を観賞する時、花や木の存在それ自体よりも、それによってその周囲の空間にいかに深みが生まれるかに目を向ける傾向があります。盆栽や華道は、まさにその空間主体の認識です。日本人の住居観も、これに似たものがあるように思います。

モースは、日本を訪れたばかりの当初は、日本民家のあまりの何もなさに貸家かと思ったと言っていますが、日本で暮らし日本人の家の思想を悟るに至り、次のように言っています。

「満足を味わいながらじっと視線を注ぐような物品が、眼前にほとんど存在しないような絶対の清浄と洗練こそが、日本人が努力して止まない屋内装飾の要諦なのだ」

（前掲『日本人の住まい』）

もちろんこれは、モースが日本で生活し、平凡で目立たない家であっても「繊細優美をきわめる彫刻の逸品や、室内工芸の極致を思わせる家財道具が置かれていることがしばしば」なほどに芸術性が身分に関係なく日常に浸透していたことを知った上での感想であり、また、それを「人前に飾ることはきわめて稀」（同書）であることを知っての感想です。

逆に当時アメリカを訪れた日本人の手記には、アメリカの住まいを「お納戸にでも入った感じ」であるとか、「いつ片付けるのかと思った」という感想があります。おそらく現代の都会の日本人の比較的よく片付けられた部屋を昔の日本人が見たとしても、同じような感想を持つのではないかと思います。そもそも日本人にとって「片付ける」とは、物が主体なのではなく、空間を整えるという観点であったのです。

その家の家柄というものは、家に入る前から漂いはじめるものです。庭の木々や石の配置によって、狭くても深みある空間を体感させる日本民家の庭は、来客を気持ちよく豊かな心にさせて迎え入れます。歩む玄関までの道が、わずかな距離であったとしても、毎朝掃き清められていることがわかるような熊手の跡が付いていたとしたら、踏むのももったいない、心のこもった大きな空間に感じられるものです。いつ突然来客が訪れたとしても、来客をこのように気持ちよく迎え入れることのできる空間であること、それが日本人にとっての家の理想的なあり方でした。もしも玄関をくぐった途端にいろいろな物が目に飛び込んできたとしたら、せっかくの来客の心も落ち着きを失います。

日本人が誰にとっても気持ちよく感じられるすっきりした空間を大切にしてきたのは、軸的世界観の時代において、空間とは、その中心なるものの霊性の及ぶ場であったからではないでしょうか。

伝統は家に支えられている

一昔前の日本では、年末の大そうじは、家族だけでなく集落の家々が一斉に行う一大行事でした。

まだ暗い内からどの家も大そうじの準備にとりかかり、夕方暗くなるまで、隣近所で助け合いながら行う儀式のような意識がありました。小さな子供であっても遊んでいることはゆるされません。それぞれの者ができる範囲で、できる限りのことをします。畳もすべて外に出し、ふすまも障子も外すと、伝統民家は、ほとんど柱だけの存在となります。風がそのまま家の中を通り抜けてゆきます。実に簡素な造りであることが大そうじの度にわかります。

日本の伝統民家は柱さえしっかりしていれば、いくらでも新しく甦らせることが可能です。それが簡単にできる構造です。新陳代謝をする家といえましょう。新陳代謝によって家の生命を再生させる儀式が年末の大そうじです。柱だけになった大そうじを経て、柱以外を取り替えると、見違えるような新しい家になります。まさに生命が新しい細胞に替わることによって持続されるのに似ています。この神聖感をみんなで一緒に味わうことで、

日本の伝統民家

私たちの魂も新陳代謝をしていたような気がします。

壁主体の現代住居では、あのような大そうじは、やりたくても、構造的にできません。家を解体した時、壁の中の防寒材がカビだらけになっていて、こんなカビに囲まれて生活していたんだと愕然としたというような話もよく聞きます。

伝統民家はまた、季節折りおりの家の中での年間行事を、四季にあわせて味わうことのできる性質を備えていたという点でも、命ある存在と似ています。

ひな祭りのひな壇も、家具主体ではない畳の間があるからこそ大きく飾れ、土間の間があるからこそ、家の中でお餅つきもできました。新年を迎えるお餅つきの時と、ひな祭りの時とでは、家はまったく異なる色彩となりました。鯉のぼりが庭に泳ぐ端午の節句でも、やはり家は違った風景を見せてくれました。こうしたことを振り返ると、日本の伝統行事は、伝統民家のあの造りであるからこそ生きた心で行えるものであったことに気付かされます。

日本人にとって、家とは、日常の場であると同時に、行事の場でもありました。今日、伝統行事が日本から失われてしまったのは、仕事に追われる日常になったからだけではありません。現代の住居では機能的にも情緒的にも難しいものがあるのです。

縄文の集落では、冬至など、太陽の運行にあわせて様々な祭りが行われていたと考えられています。伝統民家は、住まいがそのまま祭りの場でもある縄文の精神をそのまま引き継いでいるように思われます。

祖先に心がつながる家

私たちの祖先のあり方には、祖先を尊ぶ思いの深さが感じられます。大樹信仰も、柱信仰も、立石や火への信仰も、いずれも祖先への思いが下敷きにあるように思われます。なぜこれほどまでに、私たちの祖先は、祖先を思う気持ちが強かったのでしょうか。

それは、やはり何代もの世代が一つの家族となって生活した生活スタイルにあると思われます。孫は子以上にかわいいとよく言いますが、曾孫はもっとかわいいと言います。これは逆からも真で、祖父や祖母は直接の親よりも何か達観した愛情を感じやすいものです。

現代は婚期が遅くなり、出産も高齢出産が多くなっていますが、古代の人たちは若い年代から子供を産むことが多く、何世代も一緒に生活していました。身近な祖先にたくさん接していたわけです。肌で感じる愛情や尊敬感があると、出会ったことのない祖先へのありがたみも違ってくるものです。古代社会は今日の経済社会とは違って年配者がとりしきる社会です。ポジションが人を創ると言いますが、尊敬される立場に立てば、人間はそれに値する性質を表にあらわそうとするものです。そしてそうした尊厳のある実在の祖先たちの中で育てば、遠い祖先はさらに尊く感じられるものでありましょう。

おじいさんやおばあさんへの尊敬感が厚ければ、死というものへの真摯な思いも厚くなります。祖先の人々は、たくさんの孫や曾孫に囲まれて死を迎えました。こうしたあり方が、祖先への厚い畏敬に通じていたのでありましょう。

みんなでかわいがっていた小鳥が死んでしまった時、一人で土に帰すとしたら悲しい感情でいっぱいになりますが、みんなで囲んで土に帰す時には、悲しいのは同じですが、みんなの連帯感のようなものが平常時よりもその悲しみゆえに深まるものです。はかなさのエネルギーが焦点へのエネルギーを高め、焦点へのエネルギーが今に生きる人々をもより強く結んでいたのではないでしょうか。

こうした全体を成立させていた基礎に、何世代をもまたぐことのできる家というものがあったことに気付かされます。その究極の姿が縄文の家（集落）にあると言えます。自然界と融合した縄文の集落は、まさに永遠に持続可能な家でした。この失われることのない家というものが人々を世代を超えて一つに結び、円の心、和の心の基礎をもたらしたのだと思われます。

危機にある日本人の心

伝統民家の消失は、食文化の消失と似た側面があります。

戦後、日本人の食文化は急速に変化しました。手間ひまをかけて家々で作るみそや漬物といった発酵食品中心の日本伝統の食文化は姿を消してゆき、手軽な大量生産品が主流になってゆきました。これと似て、伝統住居が失われたのも、簡単に作ることのできる安い住宅の方が売れるからという現実がありました。

伝統民家は、かつては同じ集落の人たちが様々に協力しあって建てました。だから余計に大切にしようとする思いが住む人にもありました。また、家を建てる中でお互いの心の結び付きも生まれました。手間ひまをかけることで培われたものが、日本文化を支えていたのであり、その時間こそ、大切な時間であり、人間や、人と人との関係を育む豊かな時間でもありました。しかし、賃金労働中心の現代社会では、そうした手間ひまを無駄な時間と見なすようになりました。この価値観の変化が、文化の変化と密接に結び付いているように思われます。

とは言え、食文化であれば、それぞれの個人が心を切り替えれば手間ひまをかけて昔のように作ることが可能です。ところが、家はそうはいきません。みそや梅干しの作り方を教えてくれる年配者はいても、昔ながらの家の作り方を教えられる人はほとんどいなくなってしまいました。

日本の伝統的な食文化は、世界的に注目されたこともあり、再び命を甦らせようとしているように見えます。しかし、日本人の心を支えてきた伝統住居文化に限っては、悲しいことに失われる一方である気がします。

古民家が見直され、そこに住もうとする若者がいるのはほっとする傾向ですが、しかし、これは、考えてみれば、みそや梅干しを誰も作れなくなってしまって、昔の人が作ったみそや梅干しをやっと探しあてているのと似ています。誰も口にすることができなくなるの

日本伝統構法の家屋（2）（惺々舎ホームページより）

は時間の問題です。

日本の伝統的な食生活が失われつつあった昭和の時代に、食生活の危機に目ざめた人たちが、少数派であってもいてくれたおかげで、今日では、手間ひまをかけて昔のように作る人たちが一部では増加しています。文化というものは、生きたままに伝えてゆかない限り、その魂は失われてしまいます。住居は新しいあり方へと変化してしかるべきです。しかしその一方で、よき伝統は伝えて行くことが大切であると思います。

よき伝統を伝えるためには、技術の伝達だけでなく、その伝統に宿る価値の伝達が必要です。日本食が近年、世界で最も注目を集めたように、日本の伝統住居文化は、世界的な価値、人類規模の価値を宿らせた文化であると思われてなりません。日本の伝統住居文化の価値を、日本人が大切にできるかどうか。それは、日本人の精神的伝統を捨て去るのか、それとも、より高度なものへとさらに発展させられるかの選択でもあるのではないでしょうか。

第五章

和空間がもたらす社会原理

——和のアニミズムはいかに社会を形作ったか

和心の原点

日本人らしさの底辺に多大な影響をもたらしたと思われる「円形集落」のあり方を、もう少し詳しく見てみることにしましょう。

縄文の人々が好んで住んだ広く平がる平野は、この世界が円的広がりであることを視覚的に実感させます。縄文の円形集落は、その縮図のように感じられます。そうした縄文集落の特徴をよく表す遺跡の一つに、長野県の八ヶ岳南麓にある居平《いだいら》遺跡があります。井戸《いど》尻《じり》考古館の資料には、縄文の人々の環《わ》の世界観がよくわかる土器が紹介されています。その中の説明で「この土器の環と大地に刻まれた環とは、まさしく同一の典型的な所産であろう」と、縄文の村の構造にふれられています。「大地に刻まれた環」とは、縄文の人々の典型的な円形配置の村の構造のことです。それは、次のように説明されています。

あたり一帯の中心となる母村的な集落は、南に緩く傾斜する尾根が蝦蟇蛙《がまがえる》の背のように膨らんだ場所に営まれる。何世代にもわたり様々な施設ができていくが、遺跡を調査してみると、きちんとした住み分けがされていることが知られる。

村の中心には広場があり、それを墓が囲み、さらに外側に高床式の建物が巡り、その周りに竪穴式住居がならんでいる。典型的な集落では、これらが同心円に配置され、その差し渡し八〇～一〇〇メートル。

井戸尻遺跡群において、そうした環状集落の諸要素をよく示しているものに、中期末葉の居平遺跡がある。

径一六メートルほどのいわゆる中央広場があり、九〇基余りの墓群が整然と囲繞《いにょう》する。墓群の並びは、東南側が開く六角形をなし、その五つの角には径三〇～四〇センチの墓標柱を建てたと思しき柱穴が見出された。いずれの穴も一メートル前後と深い。墓が途切れた東南側は、広場への入口となっている。そこには対をなす門のような施設がみられる柱穴群がある。

　墓群の外側を、掘立柱《ほったてばしら》の建物がとり巻く。……（中略）

　この建物址《あと》と同列もしくはやや外側に、一一軒の住居址が廻っている。……（中略）

　これらの景観で特に注目されるのは、中央墓群の跡切《とぎ》れた、広場への入口である。実にそこは、冬至の日の朝、太陽の光が中央広場に射し入る方向なのである。それは冬至の日に死に、再びよみがえった太陽の陽射しを受けて祖霊が、ひいては村が再生し、新年が始まるということであろう。

そのような集落の形態は、大地に描かれた大きな「環《かん》」であった。それぞれの施設を環状にめぐらし、他の区域を侵さないで何世代にもわたり、守りぬかれた重要な約束事のなせる業だった。


（『井戸尻8集』井戸尻考古館編）


命の源である祖先をみんなで抱え込んで生きようとする心は、人間らしい自然な心であると思います。この自然な心に生きた私たちの祖先は、その尊い対象を包む輪の形を必然的に生んだのでしょう。

現代社会のほとんどは、墓地を生活圏から離した位置に設定しようとします。そこには、死の悲しみを日常生活から遠ざけ、死を見えないようにしようとする心理があるように思われます。祖先を脇に置いた現代社会は、縄文集落のような共通の立脚点はありません。当然そこでは、今ある個々の人間の意志のみで生きようとする傾向が生まれ、社会形態も、円よりも、相互の関係性重視の、直線的配置を生みやすくなります。

祖先を皆で包むこの円という構造は、現世の人々の心のあり方に多大な影響を与えたと思われます。縄文の人々は、各地域の特徴ある物が日本全土に広がっていることからわかるように、互いに密に交流していましたが、他の集落の人々を侵すような性質はもちませんでした。

『井戸尻８集』の筆者は、縄文の円構造のあり方を「他の区域を侵さないで何世代にもわたり、守り抜かれた重要な約束事」と表現しています。

円と直線は実に対照的です。他に侵入しない円に対し、直線は果てしなく他に侵入を続けます。円は、大きくても小さくてもその一つで完結しますが、直線はどこまで伸びても完結しません。近年、世界の価値ある文化や伝統が次々に姿を消しましたが、この文化的喪失も、原因を追求すると、商業活動などに代表される他の地域へと侵入を続ける人間の直線的あり方が見えてきます。直線の社会である限り、私たち人類は、悲しくも、封建社会では上を希求して争い合い、自由競争の社会でも果てしなく利益を求めて争い合うものなのでしょうか。

環状集落、環状列石、環状列木……と、太古の日本に登場する様々な環《わ》の存在は、日本人の円的性質への指向性の強さを示しています。

『環状』は漢語ですが、これに相当する和語こそ、『わ』です。

『わ』と言えば、私たちの国の名も『わ』と呼ばれていました。私たちの国は、国旗も白地に赤い円の形であり、通貨の単位も円です。日本人がどれほど円に愛着があるかがわかります。

『わの国』を表す漢字の『和』や『倭』は、当て字です。意味的には調和の『和』や、つつましさを意味する『倭』は、日本を表すのにぴったりな漢字が当てられていますが、音であるこの『和』や『倭』よりも、原義に忠実に当てられた訓である『環』や『輪』の方が、和語の『わ』のもつ本来の概念をそのまま表しています。

『わ』という国名のあったわが国は、奇しくもその言葉の通り、輪の力によって心を培い、社会を培ってきたのではないでしょうか。『わ』になることで人には『倭（つつましさ）』が生まれ、国にも『和』が生まれる、それが私たちの伝統なのではないでしょうか。

法に依存しない平等社会は何から生じたのか

十九世紀の幕末に初めて日本を見た西洋人の手記によると、彼らの目には当時の日本社会はとても希有な社会に映っていたことがわかります。アジアだからという理由ではなく、アジアの他の国や、世界中の国々を見た彼らにとっても、極めて例外的社会と見えていたようです。ことに日本社会の『平等』的性質は、西洋人に少なからぬ衝撃を与えていたこ

円形の石庭

とがうかがえます。

「絶対専制支配が行われている日本において、個人は時に立憲的なヨーロッパの諸国家においてよりも多くの権利をもっていた」〈プロイセン使節団、ラインホルト・ヴェルナー艦長〉

（『エルベ号艦長幕末記』金森誠也、安藤勉訳、新人物往来社）

「金持は高ぶらず、貧乏人は卑下しない。……ほんものの平等精神、われわれはみな同じ人間だと心から信じる心が、社会の隅々まで浸透している」〈一八七三年来日の著述家、B・H・チェンバレン〉

（『日本事物誌』高梨健吉訳、平凡社）

「主人と召使との間には通常、友好的で親密な関係が成り立っており、これは西洋自由諸国にあってはまず未知の関係といってよい」〈一八六六年来日のフランス海軍士官、E・スエンソン〉

（『江戸幕末滞在記』長島要一訳、講談社学術文庫）

諸外国の専制支配による社会は、権力によって下層階級が虐げられる傾向が当たり前であったのに対し、なぜ日本にはこのような性質が存在したのでしょう。日本がこうした性質を持ち得たのは、社会制度以外の何かの力が日本社会に働いていたとしか考えられません。

「日本人が他の東洋諸民族と異なる特性の一つは、奢侈《しゃし》贅沢《ぜいたく》に執着心を持たないことであって、非常に高貴な人々の館ですら、簡素、単純きわまるものである。すなわち大広間にも備え付けの椅子、机、書斎などの備品が一つもない」〔オランダ海軍教育隊長、カッテンディーケ〕

（『長崎海軍伝習所の日々』水田信利訳、平凡社）

「ヨーロッパにはこんなに幸福で暮らし向きのよい農民はいない」〔イギリスの医師・外交官、ラザフォード・オールコック〕

（『大君の都』山口光朔訳、岩波文庫）

「日本の下層階級は、私の看るところをもってすれば、むしろ世界の何れの国のものよりも大きな個人的自由を享有している。そうして彼等の権利は驚くばかり尊重せられている」

（カッテンディーケ、前掲書）

「この国においては、ヨーロッパのいかなる国よりも、芸術の享受・趣味が下層階級にまで行きわたっているのだ。どんなにつつましい住居の屋根の下でも、そういうことを示すものを見いだすことができる。……ヨーロッパ人にとっては、芸術は金に余裕のある裕福な人々の特権にすぎない。ところが日本では、芸術は万人の所有物なのだ」（アレクサンダー・ヒューブナー）

（『オーストリア外交官の明治維新』市川慎一、松本雅弘訳、新人物往来社）

「専制主義はこの国では、ただ名目だけであって実際には存在しない」（一八二〇年出島オランダ商館勤務、フィッセル）

（『日本風俗備考1』庄司三男、沼田次郎訳注、平凡社）

法で規定した平等はあっても競争原理による貧富の差が激しくなり、人々を苦しめていた西洋社会の人々にとって、当時の日本人の姿は奇跡に近いものがあったのでしょう。形式的には上下がありながら、現実において平等な人と人との関係は、スエンソンが「未知の関係」と評しているように、彼らにとってはたしかに未知以外のなにものでもなかったかもしれません。

なぜ、当時の日本社会はこのような性質を維持していたのでしょうか。それは、古代の日本社会が、古代世界に広く認められる権威シャーマニズムとは様相を異にするアニミズム社会であったことが一因であるように思われてなりません。縄文の円形集落からは、権威的シャーマンの存在を示す証拠がほとんど見られません。縄文の円形集落では、皆で一緒に中心となる祖先を畏敬した時代が、少なくとも数千年にわたって続いています。ことに縄文の遺跡からは、子宮的世界観を示す証拠が多数見つかります。この子宮的世界観は、その後の日本社会に多大な影響を与えたと考えられます。

女が神である社会

日本では夫が妻のことを「うちのかみさん」と表現したりします。この表現は、日本人が女性を神として畏敬した名残りと思われます。古代日本人にとっては、家は子宮のような存在でした。子宮的空間の中で人の心は育まれるものという暗黙の認識の中では、ヒミコなどの古代の実例を持ち出すまでもなく、当然その空間を守る主体は女性でした。男性が権力を握る封建の時代においても、潜在的には古代のこのあり方が強く生き続けていたと考えられます。

一九〇一年来日のイギリスの写真家、ハーバート・G・ポンティングが独裁者と言う日本女性に対する評価には、日本型社会における女性の実際像に近いものを感じます。


「日本の家へ一歩踏み入れれば、そこに婦人たちの優雅な支配力が感じられる」

「彼女は独裁者だが、大変利口な独裁者である。彼女は自分が実際に支配しているように見えないところまで支配しているが、それを極めて巧妙に行っているので、夫は自分が手綱を握っていると思っている」

「日本の婦人は賢く、強く、自立心があり、しかも優しく、憐れみ深く、親切で、言い換えれば、寛容と優しさと慈悲心を備えた救いの女神そのものである」

（ポンティング『英国特派員の明治紀行』長岡祥三訳、新人物往来社）

ポンティングが「婦人たちの優雅な支配力」と呼んだ日本の家庭のあり方は、地方では近年まで一般的に見られたあり方であったように思います。私の育った地域も、昔はほとんどの男が海で働く地域であったこともあると思いますが、女は男や家族のために全身全霊で祈る存在という認識があり、男たちは家の中心に女性を位置付ける意識が高く、女に守られる家という認識がありました。こうした中で育つと、男は女性を畏敬せざるを得なくなるのかもしれません。とくに周囲を海に囲まれた国である日本は、こうした傾向が生じやすいのかもしれません。ごく近年まで島の全女性が巫女となる、沖縄でも古代の習俗の最も残る島、久高島《くだか》でも、男性ではなく、女性たちが島の実権も家の実権も握っていました。

男性が妻に給料のすべてを預けるという行為が、世界的な目からは奇行であっても、日本人にとってはごく自然の感覚であるのは、安心して預けられる大きさを日本人は女性に感じてきたからではないでしょうか。この習慣の本質は、働いて得たお金はまず神棚や仏壇に納めるという習慣と関係しているように思います。それは、神さまに捧げられたお金を管理するのは、家を守り家の神を守護する女性であって当然という意識が根底にあったからではないでしょうか。

女性がこのような立場を与えられている一方、それを与えられるに足るだけの資質を女性たちがもっていたことも、手記からうかがえます。

「ここでは女性が、東洋の他の国で観察される地位よりもずっと尊敬と思いやりで遇せられているのがわかる」

「より多くの尊厳と自信を持っている」

「日本では婦人は、他の東洋諸国と違って、一般に非常に丁寧に扱われ、女性の当然受くべき名誉を与えられている」

（カッテンディーケ、前掲書）

「日本の婦人の高い地位を示すもっともよいものは、彼女たちのもつ闊達な自由であり、それによって働き、また男性の仕事にまで加わることができることだろう」

「これは、東洋のほかの国々ではないことである。彼女たちの振舞はしとやかで控え目であるが、同時に天真爛漫」（プロイセン王国の外交官）

（『オイレンブルク日本遠征記』中井晶夫訳、雄松堂書店）

日本女性が、矛盾するかに見える、つつましさと自由性、献身性と自立性の両面をあわせもっていたことは、数々の外国人が指摘するところです。

女性を一家の神と見る認識が浸透している社会では、女性もそれに応えようとする性質が無意識に発揮されるものなのではないでしょうか。ポンティングの「女神そのもの」という言葉は、そうして高められた女性としての性質を物語っているようにも思われます。

英国公使夫人だったメアリ・フレイザーは、当時の日本女性たちを次のように絶賛しています。

「もし我々西洋の女性が東洋の姉妹たちから、勇気ある謙遜、義務への忠実、比類なき無私を学ぶなら、どんなにか世のなかを変えることができるだろう」

「英国の歴史のどこを探しても、日本の妻たちがしばしば主人の足もとに捧げたような崇高で強い愛の例は見あたらない」

（渡辺京二、前掲『逝きし世の面影』）

アニミズムによる社会性

日本では、女という存在が『かみ』である一方、男は『大黒柱』として尊ばれてきました。言うまでもなく、日本人にとって『柱』とは、もう一つの神です。

日本女性が男性を尊ぶ観点は、個人としての長所を尊ぶというよりも、男としての性質への畏敬や、先の先まで見通して考えたり、広い目で物事をとらえたりする男性特有の心の働きへの信頼のようなものに支えられていたように思います。

こうした日本的関係性は、同じ高さでお互いを見合う視点ではなく、もって生まれた存在の尊さに視点が注がれているように思われます。この視点は、封建制社会の視点ではありません。この、日本人がもつ潜在的な視点は、封建社会成立以前の、アニミズムの視点ではないでしょうか。

「権利が尊重されている」「民主的」「自由」といった当時の日本社会への評価の言葉は、西洋社会観念による表現であって、当時の日本人には権利などという概念はありません。日本を見た当時の西洋の人々は、自身が求める理想を異なるルートから実現した社会を見ながら、それを自身の言語表現で言い表したのでしょう。

民族を問わず、私たちの中には非水平認識・非水平願望が潜みます。それはたとえば、男性の中には女神のような女性像があったり、結婚を求める女性の中には王子様願望が眠っていたりするものです。女を神と見る見方も、男を柱として見る見方も、こうした非水平認識です。私たち日本人の人間関係は、この非水平認識を主体において育まれてきたように思います。

大黒柱は、家のすべてを支え、家族のすべてを安心させ、守ってくれる存在です。地震が来ても、台風が来ても、すべてのゆらぎから家を守る存在が大黒柱です。男性は、たよられることにより成長する性質があります。男の子を上手に育てるお父さんやお母さんは、子供をたよりにすることを知っているものです。大人になっても男性にはそのような性質が潜みます。

一方、女性も守り育む神として尊ばれる時、それに応えようと大きな母性が開花します。このようにして、立体的関係がうまく循環することで、互いに魂の成長が促される。それが私たちの基本的な人間関係であった気がします。互いの不平等対応をつつき合って、平たく並べようとする男女観だけでは育たないものがその中で育まれていたように思えます。

潜在的ユートピア

西洋社会は階級による上下社会を乗り越えてからも、また新たな貧富の問題に直面することになりました。かつて社会思想家のフリードリヒ・エンゲルスは、産業革命後の賃金労働社会において、次のような社会問題がイギリスに発生していたと描いています。

「貧民は野獣のようにかりたてられ、休息も、安らかな人生の享楽も許されない。貧民は性的享楽と飲酒のほかは、一切の享楽を奪われ、そのかわり毎日あらゆる精神力と体力とが完全に疲労してしまうまで酷使される。これによって刺激された貧民は、思いどおりになるたった二つの享楽に、気が狂ったようにいつまでも耽溺する」
（『マルクス＝エンゲルス全集・第二巻』大内兵衛、細川嘉六監訳、大月書店）

誰もが等しく商業社会に参入することで、ルールの上では平等であっても利益競争は激化し、一部の人間がむさぼるように富みゆくその裏で、敗者は非人間的な生活に追い込まれてゆき、そしてやがて、正直で信心深かった、牧歌的な生活をしていた人々も、賃金競争の中で、素朴な正直さは失われ、道徳的崩壊が起きてゆく……。このエンゲルスの描いた様相は、現代社会がかかえている否定の出来ない一面を指摘しているように思われます。

後に日米修好通商条約（一八五八年）を締結させたタウンゼンド・ハリスとその通訳者ヘンリー・ヒュースケンは、欧米化が始まろうとしていた日本の未来について、次のように予見しています。

「彼らは皆よく肥え、身なりもよく、幸福そうである。一見したところ、富者も貧者もない――これが恐らく人民の本当の幸福の姿というものだろう。私は時として、日本を開国して外国の影響をうけさせることが、果してこの人々の普遍的な幸福を増進する所以である、かどうか、疑わしくなる。私は質素と正直の黄金時代を、いずれの他の国におけるよりも、多く日本において見出す」

（T・ハリス『日本滞在記』坂田精一訳、岩波文庫）

「いまや私がいとしさを覚えはじめている国よ、この進歩はほんとうに進歩なのか？この文明はほんとうにお前のための文明なのか。この国の人々の質樸《しつぼく》な習俗とともに、その飾りけのなさを私は賛美する。この国土のゆたかさを見、いたるところに満ちている子供たちの愉しい笑声を聞き、そしてどこにも悲惨なものを見いだすことができなかった私には、おお、神よ、この幸福な情景がいまや終わりを迎えようとしており、西洋の人々が彼らの重大な悪徳をもちこもうとしているように思われてならない」

（『ヒュースケン日本日記』青木枝朗訳、岩波文庫）

自由競争による貧富の差を乗り越えんとする理想論が、共産主義と言われるユートピア的ビジョンです。このビジョンはとても理想的ですが、しかし、このユートピアに向かおうとした国々もまた、現実には様々な問題をかかえてきました。

日本社会は、幕末の開国後、ハリスやヒュースケンが予見したような重大な問題に一面では直面してゆきますが、その頃の日本に対して、海外からの興味深い評価がありました。それは、日本は理想的共産主義社会であるという比喩的評価です。資本主義国となりながらも、貧富の差が少なく、共同体的に集団が運営されることが多い日本社会は、激しい競争社会に身を置く人々の目には、共産主義国以上に共産主義的理想に近い社会に見えたからでしょう。

これは、それ以前の時代もそうで、まだ日本に資本主義が浸透する以前にも、共産主義が達成しようとする社会は、日本のような社会となると言った西洋の共産主義者がいます。もちろん日本社会のそれは、制度的なものではなく、日本社会は共産社会を目指したわけでもありません。日本社会は、いわば、天然のままに（制度的努力がないままに）ユートピア的であったわけです。しかし、天然、すなわち、制度的側面から生じたものではないからこそ、日本社会はその性質を、封建や資本主義といった、まったく、異なる社会制度の中でも表し続けてきたのではないでしょうか。

何が他国にはないこの天然のままの調和的性質を日本人にもたらしたのでしょうか。

豊富な食糧をもたらす自然に恵まれた私たちの祖先は、他の地域が農耕社会となってからも、大陸文化がもたらされるぎりぎりまで狩猟採集を基盤とした定住生活を送ってきました。自然界の恩恵を受けたこの独特の定住生活は、一万年以上という、人類史上、類のない長さで続きました。この生活は、自然界への感謝や畏敬の念を育みやすいゆとりある生活であったと考えられます。また、定住生活は、移動生活とは違い、そうした自然観、人間観に基づく生活や文化のパターンを、一定の型として定着させやすい性質をもっていたはずです。豊かな自然に同化するようにして生まれたその独特の型こそが、日本人の独特の性質を確固たるものとして育み、持続させたのではないでしょうか。

軸文化が生む自浄力社会

一八〇〇年代に日本を訪れたエドウィン・アーノルドはインドをはじめとする東洋諸国の神秘主義を研究した学者ですが、最終的に日本社会の中に最大の理想を見た人でありました。彼の目は、表層的社会制度を超えて日本社会に潜む潜在的性質をとらえていたように思われます。彼は言います。

「この国以外世界のどこに、気持よく過すためのこんな共同謀議、人生のつらいことどもを環境の許すかぎり、受け入れやすく品のよいものたらしめようとするこんなにも広汎な合意、洗練された振舞いを万人に定着させ受け入れさせるこんなにもみごとな訓令、言葉と行いの粗野な衝動のかくのごとき普遍的な抑制、毎日の生活のこんな絵のような美しさ、生活を飾るものとしての自然へのかくも生き生きとした愛、美しい工芸品へのこのような心からのよろこび、楽しいことを楽しむ上でのかくのごとき率直さ、子どもへのこんなやさしさ、両親と老人に対するこのような尊重、洗練された趣味と習慣のかくのごとき普及、異邦人に対するかくも丁寧な態度、自分も楽しみひとも楽しませようとする上でのこのような熱心——この国以外のどこにこのようなものが存在するというのか」

「これ以上幸せそうな人びとはどこを探しても見つからない。喋り笑いながら彼らは行く。人夫は担いだ荷のバランスをとりながら、鼻歌をうたいつつ進む。遠くでも近くでも『おはよう』『おはようございます』とか、『さよなら、さよなら』というきれいな挨拶が空気をみたす。夜なら『おやすみなさい』という挨拶が。この小さい人びとが街頭でおたがいに交わす深いお辞儀は、優雅さと明白な善意を示していて魅力的だ。一介の人力車夫でさえ、知り合いと出会ったり、客と取りきめをしたりする時は、一流の行儀作法の先生みたいな様子で身をかがめる」。田舎でも様子は変わらない。弟妹を背負った子どもが頭を下げて「おはよう」と陽気で心のこもった挨拶をすると、背中の赤児も「小っぽけなアーモンドのような目をまばたいて、小さな頭をがくがくさせ、『はよ、はよ』と通りすぎる旅人に片言をいう」。茶屋に寄ると、帰りぎわに娘たちが菊を一束とか、赤や白の椿をくれる。礼をいうと、「どういたしまして」というきれいな答が返ってくる。

「彼らのまっただなかでふた月暮してみて、私は日本に着いて二週間後に大胆にも述べたことを繰り返すほかない。すなわち、よき立ち振舞いを愛するものにとって、この〝日出る国〟ほど、やすらぎに満ち、命をよみがえらせてくれ、古風な優雅があふれ、和やかで美しい礼儀が守られている国は、どこにもほかにありはしないのだということを」

「都会や駅や村や田舎道で、あなたがたの国のふつうの人びとと接してみて、私がどんなに微妙なよろこびを感じたか、とてもうまく言い表わせません。どんなところでも、私は、以前知っていたのよりずっと洗練された立ち振舞いを教えられずにはいなかったのです。また、ほんとうの善意からほとばしり、あらゆる道徳訓を超えているあの心のデリカシーに、教えを受けずにはいられませんでした」

（前掲『逝きし世の面影』）

日本社会の調和の原理に対しても、アーノルドは鋭い目を注ぎます。

「日本には、礼節によって生活をたのしいものにするという、普遍的な社会契約が存在する。誰もが多かれ少なかれ育ちがよいし、『やかましい』人、すなわち騒々しく無作法だったり、しきりに何か要求するような人物は、男でも女でもきらわれる。すぐかっとなる人、いつもせかせかしている人、ドアをばんと叩きつけたり、罵言を吐いたり、ふんぞり返って歩く人は、最も下層の車夫でさえ、母親の背中でからだをぐらぐらさせていた赤ん坊の頃から古風な礼儀を教わり身につけているこの国では、居場所を見つけることができないのである」

（前掲『逝きし世の面影』）

「やかましい人」や「要求する人」「すぐかっとなる人」とは、自分中心で、自己主張の強い人のことでしょう。何でもありの社会の中で権力を握るのは、そうしたタイプの人となりがちです。社会の調和には、そうではない、広く人々のことを考える人が認められることが必要となります。

安定した社会を実現させるためには、これを法的に方向付けるか、あるいは集団自らの力によって実現する必要があります。現代社会は、基本的に、それを法によって方向付ける社会です。しかし、この法的方向付けは、アメリカの訴訟多発問題のように、その法によって、かえって生きづらい社会となってしまう傾向があります。

これに対し、かつての日本社会は、集団自らの力によってそれを実現していた社会と言えましょう。日本の社会には、このような和を乱す性質に対する斥力が内在しました。そして、それこそが社会の自立力であったことを、アーノルドは見抜いていたように思われます。

法的な抑制力が強まると、片方では人々の自由が損なわれますが、かつての日本社会がそうではなかったであろうことも、多数の手記から感じられます。

かつての日本人の精神的自由度をうかがわせる手記には、次のようなものがあります。

「西洋の都会の群衆によく見かける心労にひしがれた顔つきなど全く見られない。頭をまるめた老婆からきゃっきゃっと笑っている赤児にいたるまで、彼ら群衆はにこやかに満ち足りている。彼ら老若男女を見ていると、世の中には悲哀など存在しないか

に思われてくる」〔工部大学校の教師、W・G・ディクソン〕
（前掲『逝きし世の面影』）

「日本人のように遊び好きであったといってもいいような国民の間では、子供特有の娯楽と大人になってからの娯楽の間に境界線を引くのは必ずしも容易ではない」
「ここ二世紀半の間に外国人がやってくる以前から、この国の主な仕事は遊びだったといってよい」〈アメリカ人教師、W・E・グリフィス〉
（『明治日本体験記』山下英一訳、平凡社）

「日本人ほど愉快になり易い人種は殆どあるまい。良いにせよ悪いにせよ、どんな冗談でも笑いこける。そして子供のように、笑い始めたとなると、理由もなく笑い続けるのである」〈ルドルフ・リンダウ〉
（『スイス領事の見た幕末日本』森本英夫訳、新人物往来社）

「誰もがいかなる人びとがそうありうるよりも、幸せで煩いから解放されているように見えた」〈S・オズボーン〉

（前掲『逝きし世の面影』）

この自由奔放さは、かつての日本社会が高い集団的調和を実現しながらも、それが集団自らの力であるために、外的抑圧を感じることが極めて少なかったからではないでしょうか。

法的規制や外的規制によらずに、その社会が高い調和を実現することは、理想ではあってもなかなかできることではありません。日本社会の、いったい何がこの力を成立させたのでしょうか。

最近は失われつつありますが、日本には、お正月と言えば、歌にもあるように、コマで遊ぶ習わしがあります。お正月のコマは、子供の成長を祈る縁起からきたものです。新しい年のはじめに、子供たちが健やかに育つことをコマを雛型としてなぞらえるのです。コマは回転するとその中心に軸が成立し、立ち上がり、自分の力だけで生きてゆきます。コマで遊ぶ子供たちが、そのような自立性のある人となって育つようにという願いなのです。

自立するコマは、自由に動き回り、解放的に見えます。自立性のある人ほど自由を感じる度合いも大きい。これは、個人だけでなく、社会についても言えるのではないでしょうか。コマが奔放に動く自由な存在であるのは、回転によって自らに軸を成立させているからであり、外的な何かによって立ったとしたら自由には動けません。和の社会の自立性の原点には、このコマのような原理があるように思われます。円形集落や大黒柱に支えられる家は、形の上でもコマに似ていますが、そこには、精神的にも共通の軸が存在しました。軸が成立したコマには、必ず求心力と遠心力が働きます。コマはこの両者の力によって自立し、統一体となります。求心力は、社会が一つに向かう力に相当すると言えますが、遠心力は、アーノルドが指摘した「しきりに何かを要求する」「ふんぞり返って歩く」ような人が、「居場所を見つけることができ」なくなるという、その力に相当するのではないでしょうか。しかもそれを、アーノルドは「生活をたのしいものにする」力であると指摘しています。

統一を揺るがす要因を、外的制御を経ずして除去するその力ゆえに、和の社会は過ぎたる法律の縛りを必要とせず、また、ことさらに自由を叫ぶ必要もなかったのではないでしょうか。この統一力は、特定個人や権力によるものではなく、すべての人々によって直接的に生ずる力によるものです。

三万六千年も前から円形集落が存在し、太古から神を軸（柱）として認識し、家の中心には縄文では立石が、近年では中柱が家族全員によって畏敬されてきたこの長い歴史が、このたぐいまれな力を与えてきたのではないでしょうか。

軸がもたらす社会の自立

地動説が多くの人に認識される以前は、この世界は平面だと考えられ、平たい平面にすべては存在するという虚構の中に人々は生きていました。

しかし実際の宇宙は、平面ではありません。上も下もある立体世界ですが、宇宙には、絶対的な上も絶対的な下もあるわけではありません。和の社会は、上下の関係性を尊ぶ社会でした。しかしそれは絶対的ではなく、時に上が下となり、下が上となる、互いを畏敬するアニミズムに支えられた上下の関係性でした。そしてそれゆえの平等性である点で、すべてを平面に並べようとする平等観とは異なります。このあり方は、宇宙の実像に近い気がしてなりません。

太陽系がそうであるように、宇宙は円形の運動で成立します。そこには、太陽のような中心が成立します。その中の惑星や衛星による小宇宙も、円的活動により、センターを成立させています。

日本よりもはるか以前にアニミズムを基盤にした社会から脱却したヨーロッパの国々は、

個人対個人、集団対集団の衝突や、強者による支配をたびたび経験し、それらによって崩壊させられることのない社会をつくるための法的体制が発達しました。権力と権力、欲と欲による悲劇を無用に生み出さないためには、人対人の取り決めを確固としたものにする社会的統制力が必要とされます。社会が巨大になればなるほど、その枠組み（社会的統制力）をさらに増殖させる必要が生まれます。

これに対し、和の社会に働く調和力は、人体の生命活動のように、意図せずとも自動的に働きます。人体の内臓や神経系などの機能の全体が理性では達成できない高度な調和を達成しているように、この自動的な力こそが意思では達成不可能な調和を達成してきたようにも思われます。日本には「理屈と膏薬《こうやく》はどこへでも付く」「乞食にも三つの理屈」などのようなことわざがあるように、日本人の中には理屈を嫌う性質があります。これは、理性よりももっと大切な働きに目を向けてきた歴史があるからではないでしょうか。特定権力者による社会では、権力の強化と理論化が重視されます。それに対し、皆で作る円形集落社会では、そうした作為よりも、人体に働く無意識的機能のような働きが社会の中に働いているかどうかが重要となります。その中で磨きあげられた力と性質こそが、前出の日本研究家アーノルドが、「気持よく過すためのこんな共同謀議」「こんなにも広汎な合意」「かくのごとき普遍的な抑制」と表現したそれなのではないでしょうか。

私たち日本人は近年、西洋から文化を学び、豊かな恩恵をいただいています。科学技術もそうですが、私がこうして日本文化について分析を試みているこの言語による分析も西洋から学んだ手法です。もし私たちが西洋から何も学んでいなかったとしたら、このように私たち自身を客観的に分析することもできなかったかもしれません。しかし、西洋の歴史的下敷きの上に成立した現代社会は、解決困難な様々な問題をかかえていることも事実です。和の社会の分析は、そうした現代社会をより良くするためのヒントになり得るのではないでしょうか。

理想の社会を築こうとしても、現代社会に対する作為的アプローチ（革命など）は、それ自体が意識下の力で成立した和の社会の成立原理と矛盾することになるでしょう。現代社会の中で「意識下の力」を育むこと、それが和の社会の力を呼び覚ます健全な道ではないかと私は思います。

どうしたら「意識下の力」を私たちは育むことができるのでしょうか。

和のアニミズムは、日本の軸文化の中に今も流れています。

私たちは誰でも、社会の中に軸を成立させることはすぐにはできなくても、自身の中に軸を成立させる努力は可能です。それは、古来、和の社会が行い続けてきた最も日本的文化行為であり、どんな社会制度の中でも、どんな宗教の中においても可能です。そしてそれは、いかなる社会にあっても、それぞれの社会の統制にたよらない調和力に寄与します。一つの小さな軸の成立は、より大きな軸を生み、それはさらに大きな軸（自立性）を生みます。

和の社会における自立の原理は、まず個人においてそれが成立していることを土台にしているように思われます。肝がすわるという言葉のように、しっかりと軸が成立した人間は、心も自ずと統一され、感情にゆらぐことがありません。また、そのような人は無理な意思によらずに自己制御できるものであり、ゆったりと周囲を調和させるものです。諸外国の宗教が教義中心であるのに対し、日本の宗教文化が型主体なのも、軸が確立された人間には理性の抑制以上の調和力が働くという知恵であると思います。まずは一人一人が自身のしっかりとした軸を確立させること。それこそが社会貢献へもつながってゆくのではないでしょうか。和の文化は、そのための知恵の体系であると言っても過言ではないでしょう。

第六章

未来のための太古の原理

——人類最古のアニミズムに学ぶ

日本人の美

アジア諸国を訪れるようになった西洋人の手記には、アジア諸国に対する「目を覆いたくなるような不潔と貧困」といった表現が目立ちます。彼らにとって、アジアは混沌《こんとん》としていて、美的な面でも自分たちの国より大きく劣った不潔な社会だったのです。しかし、そうしたアジア諸国の極東の日本まで辿り着いた時、彼らは予想外の世界を目にします。

「支那に永らく住んで、その背景の単調、その沿岸の不毛、ピエル・ロティが『黄色の地獄』と言った、ヨーロッパ人がひどく厭《いと》う恐ろしく醜い人間の群が、汚い暮らしをしているあの志那の部落の不潔を見慣れた者にとって、この日本との対照はまったく驚異に値するものだった」（ポルトガルの軍人、モラエス）

（『極東遊記』花野富蔵訳、中央公論社）

「ヨーロッパ人であるわたしがもっとも驚いたのは、日本の生活のもつきわめて民主的な体制であった。モンゴル的な東洋のこの僻遠《へきえん》の一隅にそんなものがあろうなどと

は予想もしていなかった」（ロシアの日本史研究家、レフ・イリイッチ・メーチニコフ）

（『亡命ロシア人の見た明治維新』渡辺雅司訳、講談社）

アジアは汚く、社会も混沌としていると思っていた西洋人の多くにとって、日本は美的にも社会的にもその例外と見えたのです。しかし、日本の美を知れば知るほど、西洋の人々は、西洋社会にはない美意識を感じざるを得ませんでした。

「この道路に面した百姓家は絵のように美しく、とても実利一点張りの用途を持つものとは思えない。現実の住みかというよりは、むしろ今まさに巻いて片づけようとする舞台用の絵のようなのだ」（アメリカの著述家、エライザ・ルアマー・シッドモア）

（『日本・人力車旅情』恩地光夫訳、有隣堂）

「日本人は何と自然を熱愛しているのだろう。何と自然の美を利用することをよく知っているのだろう。安楽で静かで幸福な生活、大それた欲望を持たず、競争もせず、穏やかな感覚と慎しやかな物質的満足感に満ちた生活を何と上手に組み立てることを

知っているのだろう」〈フランスの実業家、エミール・ギメ〉
（『1876 ボンジュールかながわ』青木啓輔訳、有隣堂）

「わたしは、日本人以上に自然の美について敏感な国民を知らない」〈フランスの青年貴族、リュドヴィック・ボーヴォワール〉
（『ジャポン1967年』綾部友治郎訳、有隣堂）

明治五年（一八七二年）に明治政府のお雇い外国人として来日したフランス人弁護士のジョルジュ・ブスケは、日本人が自然を愛でるあり方を見て「素朴にしてほとんど度外れというべき愛」であり、それが「日本精神の支配的性質」であると述べています。日本人の自然に対する感情は、彼らが愛と認識するような意識的感情とは少し違う気がしますが、日本人の行動の前提には自然界とのつながりがあるという点において、ブスケの言葉は日本人の性質を言い当てていたように思えます。

オーストリアの外交官ヒューブナーは、西洋では美的感覚は教育によってのみ形成されるのに対し、日本ではそうではないことに気付き、強い関心を示しています。また、西洋の農民と比べ日本の農民の方がはるかに豊かな美的感覚を持っているのは、西洋の農民のようには労働に追われず、自然と戯れるゆとりある生活を楽しんでいるからであると言っています。

いかに日本人がゆったりと生活していたかについては、アメリカの動物学者、Ｅ・モースやアメリカの著述家、Ｅ・シッドモアも次のように語ります。

「この国の人々が、美しい景色をいかにたのしむかを見ることは興味がある。誇張することなしに、我国の百倍もの人々が、美しい雲の効果や、蓮の花や、公園や庭園をたのしむのが見られる」

（モース『日本その日その日』石川欣一訳、平凡社）

「この小さな村里を訪れる者が一日千人ということも珍しくない。……人込みなのに、万事が気品あり、落着きがあり、きちんとしている。枝もたわわな花の下に腰を掛け、沈思、夢想にふける人。梅花に寄せて一句を物し、書き留めた紙片を枝に結びつける人。こうした日本的な耽美ほどあか抜けした悦楽はない」

（前掲『日本・人力車旅情』）

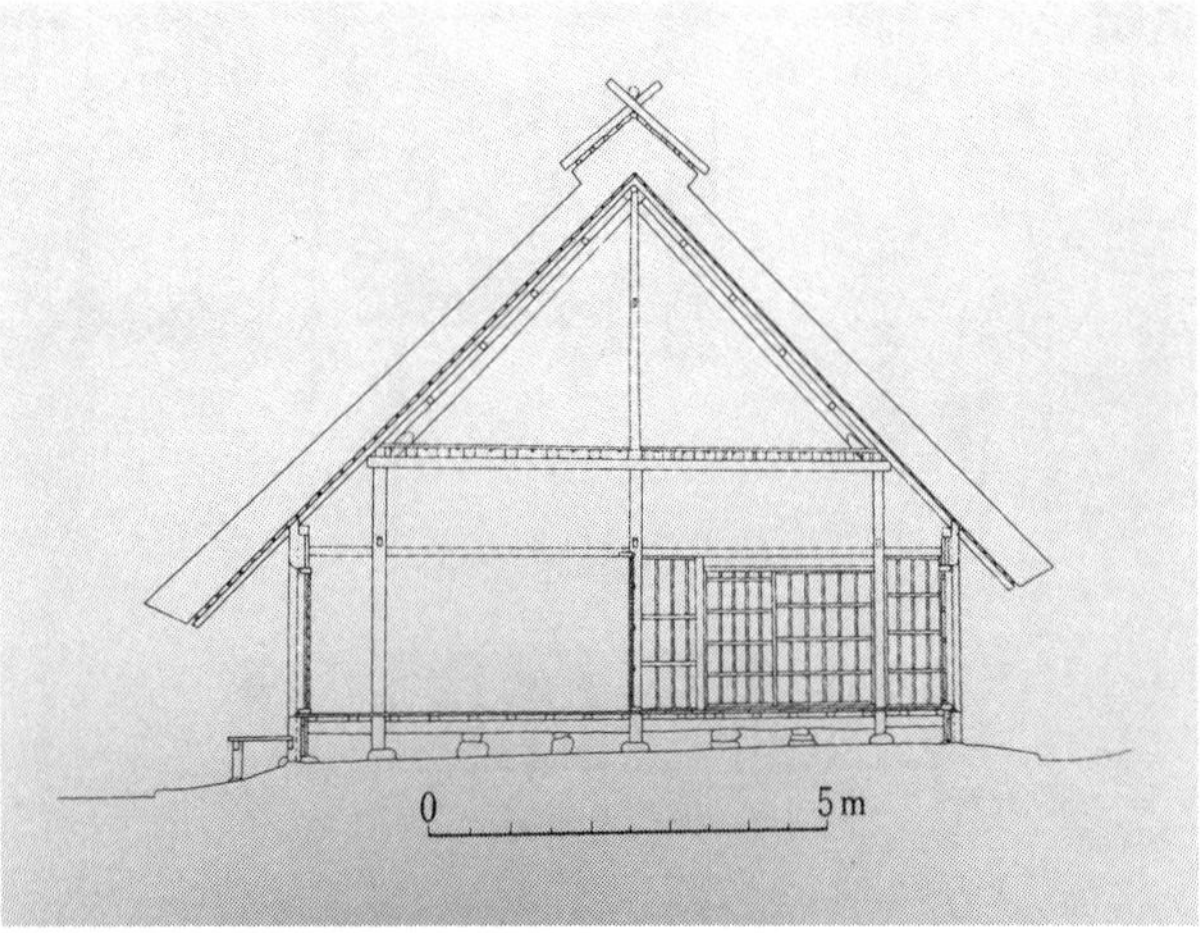

御神木への畏敬を表した魂宿るべき家屋

日本人の美意識や美的表現は、形態そのものの美しさよりも、アニミズム的畏敬から生ずる感性や表現であるように思われます。たとえば、御神木への畏敬を、日本人は、その周囲をけがれなく保つことによって表そうとします。日本人にとって、すべての存在には、自然か人工かに関わらず、形あるものすべてに魂が宿り、したがって、家というものも、そこには自然界の存在と同様に魂の宿るべきものでした。日本人のこのあり方は、その尊さを自覚するほど、その周囲のけがれなき空間にとって妨げとなる一切を取り払おうとし、家における清浄さも御神木におけるそれと同様の意味をもっていたように思われます。『振る舞い』や『たたずまい』も、そうしたけがれなき空間のための身のこなしが、結果

茶室（© ORANGE /a.collectionRF/amanaimages）

として美しい所作となるのであって、美のための美ではありません。

このアニミズム的美意識が西洋における美と大きく異なる点は、日本人にとって、それは社会機能を健全に成立させるのに不可欠な役割を直接に担っていた点にあります。日本においては、その同じけがれなさを求める感性こそが、社会集団における集団の自浄力として働く、その力の源泉でもあったと思われます。先に「意識下の力」という言葉を使いましたが、和の社会における美は、その意識下の力の一つであり、美の意識は、そのまま社会の秩序形成に結び付き、社会の調和性と切っても切れない関係にありました。

こうした美意識は、今の私たちの中にも潜在的に生き続けているように思います。たとえば『人生がときめく片づけの魔法』という本の著者、近藤麻理恵さんはTIME誌の「世界で最も影響力のある100人」に選ばれましたが、「私の片づけの裏テーマはお部屋を神社のような空間にすること」「片付けは祭りです」と言っています。この若い著者の観点は、まさに日本古来の美意識によるものと言えましょう。海外の目が注目したのも、この日本的な感性への魅力であることも、様々なメディアの感想に如実に表れていました。世界の目も、形だけの日本文化ではなく、より本質に向かい始めているように思われます。

四季という芸術

日本人の大好きな桜の花は、花が咲いたと思ったらあっという間に散ってしまいます。わずかなその瞬間との出合いがありがたく、私たち日本人は、その美しさを、はかなさゆえになおさら愛でようとしてきたように思います。

日本を知っている外国人でしたら、日本と言えば四季を連想するという人が少なくありません。私たちは四季があってあたり前の感覚で生活していますが、日本ほど豊かな四季の国はまずありません。ことにこんなに美しく紅葉する木々は、外国ではほとんど見ることができません。豊かな四季とそれを愛でる国民という両者の関係を、日本には豊かな四季が存在したから日本人はそれを愛したのだと考えがちです。しかし私は、事実はそれとは逆ではなかろうかと思っています。少なくともその何割かは逆であると思うのです。

日本の豊かな四季は、日本人のその時にしか出合うことのできないかけがえのない命の輝きを愛でる心があってこそ、より豊かに成立したものと、私は思うのです。たとえば秋の美しい紅葉をいとおしむ心があれば、その木を身近に育みたいと思います。その思いは、生活の場にその木を植える行為へとつながります。ことに日本人にとって、木は神社の御神木にも代表されるように、神そのものでもありましたから、木への感性は格別であったと思います。そうして、少しずつ少しずつ、四季折々に美しい変化を見せる木々が増やされてきたという一面もあるのではないでしょうか。そう思うと、今の私たちの恵まれた四季は、祖先からの贈り物と言うこともできるかもしれません。

縄文の人々は、豊かな自然に恵まれ、さらにはその自然との関係を良好にすることで過度な労働に頼らなくてもよい豊かさを作り上げ、農耕に追われることのない生活を送っていたと考えられます。縄文集落周辺では、食糧を提供する木を広範囲に植林する計画的森作りが行われていたであろうことがわかっています。どんぐりは植林しなくても山には豊富にありますが、実の大きなクリなどの木々を身近に植えれば、手間をかけずに豊かな生活を送ることができます。

ゆとりある生活は、豊かな創造性を生み出します。縄文遺跡から出土する無数の装飾品や、実用には結びつかない土器のデザインは、芸術性や深い宗教心に心が自然に及ぶ、ゆとりある生活をしていたことを示しています。当然彼らは、観賞のための花や木も植えていたはずです。心を培うゆとりある時間も、美しい自然も、自然界を壊すことによって生活の場を作るのではなく、自然界への畏敬と感謝ゆえに、それをより豊かに大切にしようとした結果であろうと想像されます。

桜の花も、新緑も、紅葉も、それぞれの季節はあっという間に過ぎ去ります。しかし、次々に新しい変化が訪れる自然界の新鮮さを楽しんでいると、満たされた気持ちのままに一年は巡り、また同じ美しさに出合うことになります。散ってしまった桜の木を、次に咲く時まで日本人は一年中大切にします。日本の豊かな四季は、この循環する時を尊ぶ「環《わ》の心」に育まれた情景であるとも言えましょう。

縄文の土葬跡からは、動植物を葬った痕跡も見つかります。一年を通して変化する四季の全体を一つの『型』であるとすると、祖先からいただいたこの壮大で豊かな『大自然の型』は、時間上での環《わ》であり、私たちの心を育ててくれた、もう一つの環であると言えましょう。

日本食の精神

自然の一瞬一瞬を愛でる心は、その一瞬一瞬にしか食せないものを愛でる文化をつくりあげました。和食が世界無形文化遺産に登録されたのも、その理由の一つに、和食が自然の美しさや四季の移ろいを表現するという点が挙げられています。

近年、世界が長寿を実現させる日本食に注目するようになりました。それぞれの季節にしか食することのできない食物は、自然界のリズムに調和して健康にもよく、日本が世界一の長寿国であるのも日本人の四季を愛する心と無縁ではないはずです。また、素材をそのまま味わうことの多い日本食は、非常に繊細な味覚を養わせますが、この味覚と日本人の感性も、深く結び付いているものではないでしょうか。

日本の美を再発見したドイツ人建築家のブルーノ・タウトは、日本人の食文化についてこう書いています。

日本の料亭とヨーロッパの料理屋とは、実に甚だしい相違を示している。日本料理に関する叙述は、それだけで優に一章を成すに足りるであろう。いずれにせよ日本料理はヨーロッパ人にとってこのうえもなく清新であり、まことに味覚の喜びである。日本の割烹は、自然のままの材料を食膳に供える、すべての料理が、栄養豊富でしかも美味な刺身ほど生でないにせよ、いずれも明快、単純、純粋であることを特色とする。海産物や野菜類の多種多様なことは驚くばかりである、また鋤焼《すきやき》や水たきなどになると、食味は一層豊富になる。

（中略）

しかしそれにまして食事の仕方は、ヨーロッパの料理屋に比べてはるかに優っている。食事をする人の食卓は、大小の差こそあれたいてい一間を独占するから、いくつもの食卓を並べた広間で、一つのテーブルの物音が他のテーブルにそのまま伝わったり、或いは部屋全体が、食欲を減退させ社交の楽しみを妨げるような騒音で充たされることがない。それればかりでなく西洋の料理店では、ボーイが皿をがちゃがちゃ鳴らしながらあちこち歩きまわったり、給仕や勘定を請求する叫声が聞えたりして騒々しさはますます甚しくなるのである。

ところが日本の料亭では、女中さんの物静かな実に礼儀正しい給仕のお陰でこのような喧騒はまったく生じない。女中さんは元来《給仕》女などと呼ばるべきではない。食事のあいだ、お客と同じように打ちとけて座敷に座り、寧《むし》ろ主人役として何くれと振る舞うのである。

（ブルーノ・タウト『ニッポン』森儁郎訳、講談社）

私たちにとっては何でもない日本人の食文化にタウトは新鮮な目を注ぎ、「このうえもなく清新」「まことに味覚の喜び」と評価しています。

私たちが食事で鍋を囲む姿は、よく考えてみると、土器を囲んで煮ながら皆で食事をしたであろう縄文の人々の食事のあり方に似ているのではないでしょうか。日本列島からは世界最古といわれる土器が出土しています。これは、日本人は世界最古の煮物文化の歴史をもつ民族ということでもあるでしょう。実際に、日本の土器からは世界最古の調理の跡が見つかっています。日本人の洗練された味覚も、この最古を誇る調理文化の歴史によるのかもしれません。

縄文の人々は、非常に豊かな食生活を営んでいました。たとえば現代の私たちは、貝類でいえば数えるくらいの種類の貝しか食べていませんが、縄文の人々は三五〇種以上の貝を食べていたと考えられています。また、現在の私たちがほとんど食べることのない海藻や、近年の海水汚染で絶滅してしまった各地の海藻類なども、非常に貴重な栄養分を含むものが少なくありませんから、おそらく口にしていたでしょう。

魚も現代と同様にマダイ、カツオ、マグロ、フナ、コイ、サケ、マスなど実に多数の魚が食べられていました。もちろん木の実や、様々な動物の肉も調理されて食べられていました。動物と植物の素材を合わせたお菓子類（クッキーのようなもの）まで、よく作られていました。

私たちは時折、薪でご飯を炊くととてもおいしくて驚いたりします。同じ食材なのに、土鍋での料理もやはりおいしく感じたりしますが、縄文の人たちは、現代の私たちがよりおいしく作ろうとした時の調理法を普段から行っていたわけです。

縄文の遺跡からは、食の対象となった動植物を丁重に祀った痕跡が見つかります。彼らにとって、食べるという行為は、常に神さまに向かい合う行為であったに違いありません。現在でも林業をしている人たちは、木を切る前にお祈りをしてから切ることが少なくありませんが、これはアイヌの人たちも伝統的に行っていた行為です。自身で食べるものを作る農耕生活と比べ、自然界から生きるための食べ物を与えられる生活は、自然に感謝しようとしなくても感謝の思いにさせられる生活であったはずです。縄文の様々な動植物への祭祀の痕跡は、その思いの強さを物語っています。

日本人はこの感謝の心を、農耕生活に入ってからも維持させようとしてきたように思えます。私たちが家族皆で「いただきます」と言うその心は、この太古の心につながっている気がします。時を超え、日本人としての原点の心になる行為が、「いただきます」であるのかもしれません。

日本人は、食というものを可能な限り美しくいただこうとしますが、これも命あるものを大切にする心の伝統ではないでしょうか。日本文化を知るようになった頃の西洋の人々も、日本人の伝統的食文化を、彼らの美的観点から、次のように評しています。

「極端に清潔だというのは彼らの家屋だけの特徴だけでなく、彼らの食べもの、料理のしかた、料理の出しかたの特徴でもある」〈イギリスの軍人、ジェフソンとエルマースト〉

（前掲『逝きし世の面影』）

「（日本の料理道具は）形の優美さと仕上げのデリケートさという点で、ナポリ博物館のポンペイ人の部屋にある料理道具を凌駕している」〈イギリスの紀行作家、イザベラ・バード〉

（前掲『逝きし世の面影』）

台所が神さまを祀る場であることが象徴しているように、台所仕事は日本人にとって神聖な行為でもありました。竪穴式住居の時代から連綿と続いてきた火を囲む行為の伝統によるものでしょう。

日本人は、祖先が築き上げた伝統を大切にしてきましたが、伝統の永続性というものは、火のようなものです。火は、新しい薪に移りながらも、自身は変わることなく持続します。

たとえば能をする人には能をする人の独特の雰囲気が生まれてゆきますが、これは、個人の性格を越えて伝承されてゆきます。型の文化の一つ一つがそうであり、それらの全体を広い目で見ると、日本の型文化は本質では日本人としての一個の個性を火のように持続させ、守ってきたのではないかと思われます。

日本には聖徳太子の時代から続く世界で最も永い歴史のある会社「金剛組」をはじめ、創業千年以上の店（会社）が六社もあります。こんな国は世界のどこにも存在しません。創業二百年以上の会社を見ても、中国が九社、インドが三社であるのに対し、日本は三千百社余という桁外れの世界一なのだそうです（二〇〇八年調べ）。

先人の営みを受け継ぎ、大切に守ろうとする心がそれだけ厚いのだと言えましょう。それは、はるかな時代の人々の、中心なる火（霊、日）に対するゆるぎない思いによって培われた心なのではないでしょうか。

輪によって育まれる心

私たちには当たり前のことでも、海外の人たちからは気配りに驚きましたと言われたりすることがあります。こうした、私たち日本人が気付いていないような無意識の行いにこそ、私たち日本人が祖先より受け継いだ性質が潜んでいるのではないでしょうか。

保育園の子供たちは、毎回輪をつくって遊んでいると、いつのまにかつながりが密になり、互いを思いやるようになります。思いやりを持ちましょうと教えなくても、気が付けば思いやりが育まれています。輪という形は、この『いつのまにか』生まれる愛情を育む力が強いように思われます。そしてこの『いつのまにか』の愛情こそ、むしろ意図的な愛情以上に人と人とをもっと深いところでつなぐことのできる力をもっているのではないでしょうか。

親が子の、子が親の命を奪うことさえ珍しくない昨今ですが、こうした傾向も、この『いつのまにか』の愛を育む力が今の社会に欠落していることからきているように思われてなりません。

テーブルを囲んで『いただきます』と感謝する家族の中には、尊い対象をみんなで一緒に囲んでいた、はるかな時代の輪の心が生き続けている気がします。

祖先からの心は、私たちが何気なくつかう和語にも刻まれています。

たとえば、『仲がいい』という時に用いられる『なか』は、漢字があてられる以前からの和語であり、『中』、すなわち『中心』という概念から生じている言葉です。これは、考えてみれば奥深い言葉です。『私』と『あなた』を超えた、中心というものに、私たち日本人は心を向ける傾向があることが、この言葉からもわかります。『なかよし』『なかま』『なかなおり』と、様々に用いられるこの和語には、私たちの人間観がよく表れています。

喧嘩してしまった後には、誰でも相手を受け入れるのは難しいものです。しかし、一緒に『いただきます』と声を出す時、私たちは一緒にお互いを超えた『中心』につながることで、自ずと『なかなおり』しやすくなるものです。これは単純なことのようですが、人間のあり方の根本的真理であるように思えます。

平行ラインでうまくゆかなければ、それよりも上の次元に立つことで物事はクリアーされる。難しい心のあり方を、単純な一つの型を通して身に付ける、そのような方式が和の文化には流れている気がします。

この『いつのまにか』の文化では、たった一つの型を通し、伝統心も、マナーも、感謝の気持ちや思いやりも、謙虚さも、人間にとって不可欠な無数の心が育まれます。

伝統心であれば、現代の教育の現場では、たとえば道徳的読み物を読ませることでそれを身に付けさせようとします。マナー教育も、こういう時にはこうしなければならないと、知識から入ります。しかし、『いつのまにか』の文化では、『いただきます』の挨拶一つが定着することで、道徳教育の多様な項目すべての基礎が一度に養われます。伝統の大切さは体に深く刻まれ、マナーも、『いつのまにか』定着します。たとえ知識的には知らないマナーがあったとしても、よき印象を与える『ふるまい』が自ずと出てくる人に育つものです。この『いつのまにか』の文化には、理性教育だけでは不可能な人を育む本来的な力がある気がしてなりません。

先日テレビを見ていると、外国から日本にやってくるスキー客が増えてスキー場でのトラブルが増えているというニュースが流れていました。スキー場で日本語のできない外国人客に対応していた若い外国人スタッフが取材されていたのです。その中で、外国人夫婦の奥さんが財布をバスの中に忘れたままでスキー場に来たことに気付き、夫婦喧嘩になっている二人に対応するシーンがありました。夫婦は財布は盗まれてしまったものと思い込んで喧嘩していたのですが、スタッフがバス会社に問い合わせると、バスの中に財布は残されたままになっていて、財布は戻ってきました。これで一件落着となったのですが、その時、その外国人スタッフは何かを決意したような真剣な表情で「日本、すごいねぇ！」とテレビカメラに向かってとっさに感動を訴えました。一瞬の出来事であるだけに、かえってはっとさせられ、物を盗まないということがこれほど外国人を感動させるのかと、その若いスタッフの感動ぶりを見て改めて思いました。

このスタッフが『すごい』と思ったのは、物が盗まれないで返ってくる社会は、簡単に実現できるものではないことを、自国や他国の経験で知っていたからでしょうし、盗まれない社会へのあこがれがあるからでしょう。

どんな国の人でもそうした社会であってほしいと思う心があるはずです。調和的でありたいと思いながらも、いつのまにかそれとは逆の方向に向かってしまう、その葛藤の歴史が世界の歴史であるかもしれません。その重みを自国や他国で体験的に実感しているからこそ、この若いスタッフは、とっさにテレビカメラに向かって日本人に訴えようとしたのだと思います。その表情には、「いつまでもこのような国であり続けていてほしい」と願う真剣さが感じられました。

この、物を盗まないという国民性も、私たちの多くは意図してそうしているわけではありません。『いつのまにか』形成されている私たちの心がそうさせているわけです。長い歴史の財産とも言えるでしょう。

感動にゆさぶられる時、人はその対象から学ぼうとするものです。今まで私たちは、海外に日本の技術をたくさん提供してきましたが、近年は日本人の心の文化にこそ、海外の目が集まっているように思われます。三万六千年に及ぶと言っても過言ではないアニミズム的伝統をもつ私たち日本人は、文化的には地球人類にとっての長老と言えます。長老は集落の人々を幸せに導く責任を背負っているものです。この役割を充分に果たすことのできる日本人に私たちがなっていったとしたら、日本の価値は、はかり知れないものになるのではないでしょうか。

母なる心に支えられた日本文化

男性は社会などの遠くの事柄や外側に目が向かい、女性は身近な事柄や内側に目が向かいやすい性質があるそうです。そのような観点で見ると、内なる軸を包む日本文化は、女性的文化とも言えるかもしれません。

祖先を皆で包むようにして生活した私たちは、今も世界で最も包むという行為を大切にしています。デパートなどで買うお菓子でさえも、一つ一つが包まれたお菓子が区分されたパッケージに入り、それが箱に入るという、何重にも包むという行為が重ねられていきます。さらにはその箱にも包装紙がかけられたり紐で結ばれたりします。そして人に贈る時にはそれをさらに袋に入れたり風呂敷に包んだりします。ここまで包むことにこだわる国はありません。

『包む』という行為は、『抱く』に似て、母性的な行為です。その行為を通して日本人は物に心を込め、物を通して人に心を伝えようとします。包むという型を通して心をそこに込めようとするのは、太古から変わらない姿です。こうした行為を通して私たちはたしかな心を伝え合い、育んできました。

日本人が一つ一つの物を赤子をくるむように大切に扱おうとするその本質には、太古の型によって育まれた、存在の中心には霊《ひ》が宿るというアニミズムの精神が潜みます。物には、たとえ人間が作った物でさえ霊《ひ》が宿るというその認識は、とくに日本人のアニミズム観に強く潜みます。

贈り物をする時の包装や包み方には、男性と比べ女性の方が細やかに気づかいをするものです。これは、日本人の愛情表現や愛情伝達が女性的であることを示しているとも言えるかもしれません。日本では女性が祭祀の中心を担ってきたという太古の歴史も、その大元は、霊性に向かうそのあり方が女性的な型であったことからきているのかもしれません。

江戸末期に日本を見た西洋人たちの多くが指摘している日本社会の特徴に、最下層の人々にまで礼節や雅な品行が行き渡っていたという点があります。これは中国をはじめ、他のアジアにこのような特徴は見られなかったともあります。社会の支配者が主体になりやすい男性社会と比べ、女性主体の社会やその名残りを留める社会は、社会の底辺によって動いてゆく傾向があります。日本社会の礼節の浸透度の高さも、それが、女性から女性へと伝えられる性質が大きかったことが一因かもしれません。一昔前までの日本では、母から娘へ、姑から嫁へと品行や家々の信仰が伝えられるのが常でした。日本が表層の社会制度は様々に変化しながらも、底辺では一つの社会性が持続し、今なおアニミズムの国であるのも、女性から女性へと霊性が伝えられる伝統によるところが大きいと思われます。日々お日さまに頭をたれるような、日本古来の女性たちの姿こそが、存在の霊性を尊ぶ心を子孫へと伝え、一万年以上に及ぶ伝統を支えてきたのでありましょう。それはまた、その意義を認識できる男性たちの心に支えられてきたとも言えるかもしれません。

アニミズムの心は幼子の心

人類の歴史をずっとたどってゆくと、アニミズムと言われる人類初期の世界観に行き着きます。この時代に形成された性質は、ちょうど子供の頃の体験がその後の人生の財産になるように、人類の後々の財産になっているのではないかと私は思っています。

少したとえ話をしてみましょう。

小さな女の子は、どこの国の子であろうと、ぬいぐるみやお人形が大好きです。そこに心が宿り、魂が宿っていると本気で信じ、そのぬいぐるみを大切にします。この小さな体験が、後に母親となった時の大切な母性の表現となり、子孫に豊かな愛情を伝えます。もしも、ぬいぐるみに魂の宿りを信じるこの行為を、ぬいぐるみには魂などないとすべての人類が否定してしまったとしたら、どういうことになるでしょうか。人類集団や民族集団を一つの命とみた場合、人類集団や民族集団にとってのアニミズムは、少女がぬいぐるみを抱くのに似た営みだったのではないかと思うのです。

様々な存在に魂の宿りを認めようとするこの心の働きこそ、人類の人類らしい心の萌芽であったのではないでしょうか。

私たちの祖先は、円形集落を人類の歴史の中で最初に作りあげました。集落という一個の実体に魂の宿りを集団で認めた私たちの祖先は、子供たちの中で一番最初にぬいぐるみを抱き始めた少女に相当するのではないでしょうか。私たちの祖先は、それをみんなで一緒に行うという、理想的な愛情のあり方を、達成しました。そしてそれを、他の地域が文明の名の下に忘れ去ってからも、底辺で維持し続けました。これこそが、日本人が今もいつのまにか表している、やさしさや気づかいの、その本質にあるものではないでしょうか。たくさんの愛情交流の中で育った子供は他者を肯定的に認識しますが、日本人が他者に対して無防備なまでに簡単に謝ることができるのも、この同じところからきているのではないでしょうか。

ぬいぐるみを長く抱いた子と、わずかしか抱いていない子とでは、愛情の細やかさは違ってくるでしょう。また、同じ期間抱いていたとしても、どんなふうにどれほど愛情を込めるかによっても、違ってくるでしょう。私たち日本人は、どちらの点でも恵まれた子供時代を体験しています。これは私たちにとって最大の歴史的恩恵と言えるでしょう。

日本文化の理解者であった前出のブルーノ・タウトは語ります。

日本——すぐれた趣味のまだ傷《そこな》われていない日本は独自の美学をもっている、それは日本の哲学とよく一致する。石すら精神である……（中略）

建築家は、彼の用いる材料——例えば木材や石などを生あるものと観る。かかる材料にも始めと終り、若さと老いとがある。年経て美しくなった木材は《美しい》が故に美しいのではなく、いわば幾多の生活経験を重ねているが故に美しいのである。かかる木材は、生きとし生けるものの遭遇する最大の経験であるところの死、即ち自然への還帰に直面するが故にとりわけ美しい。しかし材料の若さも独自の美しさをもつ。まだ鮮やかな緑を失わぬ竹、まだ草の香の失せやらぬ青畳、建築用材——特にかぐわしい檜材から放散する新鮮な香気などがこれである。

このほかにも、平板な合理的説明ではとうてい解釈できないような事柄がまだ沢山のこっている。

しかし私はこれまでの体験によって解釈し得る限界に近づいたような気がする。私達にはこれ以上、日本人の独自な感じ方を究めるのがむずかしいのではあるまいか。

（ブルーノ・タウト『日本の家屋と生活』篠田英雄訳、春秋社）


タウトの言葉からは、日本人が物というものをいかに認識していたかがありありと伝わってきます。

大切に大切に何年も少女がかわいがったぬいぐるみは、大人の目にも尊い魂が宿っているように見えることがあります。少女のその心と行為が、人間が作ったはずのぬいぐるみに、命を吹き込みます。私たちの祖先は、ぬいぐるみに魂を宿すそのあり方が、次の世代へと受け継がれるよう、それをゆるぎないものとして確立させてきました。尊く中心を貫く大黒柱主体の家も、中心に『ひ』を宿す集落も、そうして確立された、ゆるぎないあり方だったのではないでしょうか。

お母さんにたくさん抱かれ、たくさん愛情を注がれた子供は、無意識にぬいぐるみや人形をかわいがります。そうして自身もたくさんの愛情を注ぎ、たくさんの人から愛される大人に成長します。

愛情に恵まれずに生まれた子も、愛情豊かな人物に接することで愛情に目覚めることがあります。豊かな自然に恵まれ、たくさんの愛情を注がれる子供に似た歴史を持つ私たちは、その愛情の与え役にもなれる立場であると思われます。

日本人として

世界には様々な宗教があり、それぞれの尊い『教え』があります。しかし、それぞれの民族の立場や歴史が違えば、その教えにも互いに矛盾が生まれます。そのため、世界には、宗教が争いの原因となるという悲しい現実があります。それぞれの宗教は本心で幸せや平和を求めているというのに、人々を幸せにするはずのその宗教によって、争いが生まれてしまうこの悲しい現実を、私たちはどうしたら乗り越えることができるのでしょうか。

それは、それぞれの『教え』を生んだ原点へと、究極まで遡る以外にないと私は思っています。木の枝はたくさんありますが、すべての枝は一本の幹から伸びています。私たち人類の心の歴史も、これと似ています。この幹なるものをひたすら尊び、枝葉に揺るがされないあり方を、私たちの祖先は貫いてきたように思います。

どんな民族も、その背景をずっとたどってゆけば、木が神であり、大地が神であり、人々が自然と共に生活していた時代にまで行き着きます。万物に魂の宿りを見るたった一つの宗教性を、どこの民族も、もっていたのです。各々の祖先の歴史に、その大本まで繋がる時、私たち人類は、誰もが同じ仲間と実感する究極の認識を獲得できるのではないでしょうか。

社会の巨大化に伴い、民族という民族が原点の宗教性を捨て、教義による宗教世界を作り上げていったのに対し、私たちの祖先は、それをむしろ極めることで、社会を調和させてきた歴史があります。ですから、どのようにしたらその一つの原点につながれるのかを、道案内できる力が私たちの中には宿っているはずです。

文化というものは、片面では、常に新しく変化を続けるものです。しかし、その変化が大切なものを失わせることがあります。逆に、新しい変化について行けずに崩壊する社会もあります。もしも日本の国が、原始のままのアニミズム社会であったとしたならば、というの昔にそれは消滅していたでしょう。日本人は、一方ではとても新しいもの好きです。自然界は、常に変化を続けますが、それは一方で、不変性を維持するための変化でもあります。日本人は、そのようにして次々と巡り来る新しい時代の変化の中に先人から受け継いだ型を宿し続けることで、原点の心を守り続けてきた側面があります。

日本人の新しいものと最古のものとを共生させてゆく営みは、過去の話ではありません。有形、無形に関わらず、今も無意識に私たちはそれを行っています。

先日、アフリカのある国の人々が他のアフリカの国々から「アフリカの日本人」と呼ばれているということを知りました。その国の人々は誠実でやさしい性質であるため、周りの国々から賞賛されてそう呼ばれているということでした。この表現の裏には、日本の無数の企業人や活動家たちが日本人らしい献身さで各国で働いた姿があります。そうした名もない日本人の数々の生きざまを見た結果としての彼らの言葉です。これはもしかしたら、近年までアニミズムを維持していたアフリカの人々が、日本人のそのやさしさや誠実さの裏に潜む熟成されたアニミズムを感じているからかもしれません。

アニミズムの感性は、世界中のどの国の人々の中にも眠っているはずです。人類の中でも伝統というものを最も重んじてきた私たち日本人は、人類にとっての『最古』の原点を、未来に結び付ける力をもっているのではないでしょうか。

私たちの役割は、世界に対し、これからが、より意義深くなってゆきそうな気がします。

最後に

本書は、歴史の客観性を大切にされている方に対し、日本の良いところばかりを誇張しているという印象を与えるかもしれません。

たしかに、日本の歴史の中にはネガティブな要素も多数あります。しかし、歴史の学びというものは、本来、未来のためにあるものであると思います。良き未来のためには、良きものを伸ばし伝え、そうでないものを捨ててゆくことが必要です。本書はとくに前者を最優先に執筆しましたので、その点をご理解いただけたらと思います。

本書の執筆にあたっては、『逝きし世の面影』（渡辺京二著、平凡社ライブラリー）をはじめ、多数の本を活用させていただきました。ありがとうございました。

また、伝統構法と日本家屋の工務店、惺々舎の深田真棟梁より、すばらしい建築写真を多数ご協力いただきました。惺々舎のホームページには、深田棟梁の日本の伝統建築と近代以前の日本文化に対する深遠な洞察が掲載されており、私も感銘を受けました。ぜひ、お読みいただけたらと思います。

http://www.seyseysha.com

新装版に寄せて

本書は、徳間書店から出版されていた『和の心　コズミックスピリット』を、新たな形に蘇らせていただいた本です。

ちょうどこれを書いている今、ＪＲのコマーシャルで、吉永小百合さんが語っています。

「一万年以上続いた自然との共生は、未来へのお手本かもしれません」

縄文に学ぼうとするこんな観点があたり前に語られるようになったのは、つい最近のことです。

本書が最初に出版された頃にはまだそこまでの一般的風潮はなかったように記憶しています。

ごく数年で、縄文時代への認識は、大きく変化したように思います。

原始的な生活を送った人々というイメージでしかなかった縄文時代が、学びの対象として見直されるようになってきたのです。

これはまさに、この本の目的としたところでもあります。

しかし、この数年の時代の変化は、人類史的には良い変化ばかりではありません。

ご承知のように、ここ数年で、これまでには考えられなかった対立や戦争、戦争への危機が世界に生まれています。

私の敬愛する百歳になろうとするある女性は、ロシアのウクライナ侵攻よりも以前にこんなことを言いました。

「最近の政治家は、戦前の、戦争に向かった時の政治家とそっくりになってきて、世の中はまた同じことを繰り返そうとしているように思う」

もちろん、政治家と言ってもすべての政治家について言っているのではないでしょうし、こうしたことをとり上げると、危機を煽っているように聞こえるかもしれませんが、戦争経験者に耳を傾けることは大切であると思います。

第一次世界大戦も、第二次世界大戦も、日本人の多くの市民にとって、戦争になるはずがないと思っている間に始まっていたのです。

もっと早く気が付けばよかったというのが、経験した人たちの本音であり、その経験から今を語ってくださるのです。
そしてその後にウクライナや台湾有事の危機を迎え、人生の大先輩の語った言葉が身に染みて感じられてならない今日この頃です。

私たちは、しっかりと現実を見る必要があると思います。現実を見なければ戦争は起きないかのように、現実を考えようとしない風潮が今日の日本には感じられます。その風潮に、私は強い危機感を感じています。

過去に起きた多くの戦争は、市民の力さえあれば事前に止めることができたものばかりです。今、日本には、当時の日本と似た風潮があるように思われてなりません。

日本が危うい選択に至らないためには、現実社会から目をそらさないことが大切と思います。

たとえば、中国が台湾に侵攻したならば、米軍が台湾防衛に沖縄から攻撃をしかけることになります。当然、中国はそれを止めるために米軍の拠点をミサイル攻撃するでしょう。日本の米軍基地は、沖縄だけで機能するものではありません。本土の米軍横田基地には空軍司令部、横須賀基地には海軍司令部など、機能上の重要拠点は多数あります。攻撃を止めるためには、当然の流れとしてそれらも攻撃対象となるでしょう。

「日本は安全な国」という定評が崩れつつあることは、とても残念なことです。

縄文の世界とは真反対のこの状況から目をそらさず、可能な限り回避させようとする姿勢こそ、私は彼らの子孫にふさわしいあり方であると思っております。

また、現代の視点だけでは、この難しい状況の進路変更は不可能ではないかと思われます。今私たちがこの難しい状況をどう判断し、どう対応したらよいのかの、時代を超えた手がかりも、縄文の原理の中に見出せるのではないかと思います。


縄文のすばらしさに焦点をあてると、とかく、日本はすばらしいんだと結論付けたくなるものです。

しかし、私の奥にある思いは、そんな祖先の子孫として、私たちは恥じない生き方をしているのかにあります。

私たちの今のあり方をしっかりと見つめる足掛かりとして、本書をご活用いただけたらありがたく思います。


今だから明かしますが、実はこの本は、大人を意識して書いた本ではありません。

中学生に読み聞かせをしたことを想定し、中学生の心に響くがどうかを意識しながら書きました。

全体の内容だけでなく、一つ一つの文や言葉の響きが中学生の心を美しく育むことができるものであるよう意識して書いたのです。

また、単に知識が与えられて終わる文章ではなく、様々な発想がその文章に関連して浮かぶような文章を心がけました。

中学生には難しいのではと思う人がいるかもしれませんが、耳から入る言葉は感覚で感じ取れるものです。

私たちの心の中には、中学生の多感な時期の心が活き続け、人生のエネルギーになっていると私は信じています。

実際には読者の多くが大人であろうこの本を、なぜ中学生を意識して書いたのかというと、この内なるエネルギーに火を灯したかったからです。

社会というものは、若いエネルギーによって進展するものです。

しかしそれは、年齢の問題ではなく、一人一人の中にある若々しいエネルギーであると思います。

そのエネルギーによって、真に平和で調和的な世界へと人類社会が進展してくれることを願っています。

ぜひこの本は、中学生に戻ったまっさらな気持ちでお読みいただけたらと思います。

また、実際に思春期の子供たちに読み聞かせなどしていただけたら、それ以上にありがたいことはありません。

令和五年八月

千賀一生

千賀一生　ちが かずき
作家。教育家。舞踊芸術家。その他、多方面の活動を行っている。

無形文化の研究家としての側面をもち、物証や文献からは見えてこない文化的歴史を無形文化に潜む歴史的記憶から明らかにする試みを続けている。本書はその手法を取り入れた著作。

物語作品は、人間を深く見つめる神秘的作風のものが多く、根強いファンが多い。

近年は、日本文化と日本伝統建築の精神の復活にも力を入れている。

（いにしえの学び舎 和学の会　https://japanese-traditional.jimdofree.com/）

本作品は、2018年６月に徳間書店より刊行された
『和の心 コズミックスピリット』に加筆修正した新装版です。

現代原理を覆す『和』の原点
縄文の円心原理

第一刷　2023年10月31日

著者　千賀一生

発行人　石井健資

発行所　株式会社ヒカルランド
〒162-0821　東京都新宿区津久戸町3-11 TH1ビル6F
電話　03-6265-0852　ファックス　03-6265-0853
http://www.hikaruland.co.jp　info@hikaruland.co.jp
振替　00180-8-496587

本文・カバー・製本　中央精版印刷株式会社

DTP　株式会社キャップス

編集担当　溝口立太

ISBN978-4-86742-299-1